# MUNDO)real

## MEDIA edition

## Cuaderno para hispanohablantes

## 2

© Editorial Edinumen, 2016

**Authors:**
Equipo Prisma Latinoamericano

**Coordination Team:**
David Isa, Celia Meana and Nazaret Puente

With special thanks to Linda Vélez-Prikazsky, Roma Buendía, and María Mayberry for their contributions

**Cuaderno para hispanohablantes:** 978-1-107-47412-3

Reprinted 2015

*Printed in the United States of America*

**Editorial Coordination:**
David Isa and Mar Menéndez

**Cover Design:**
Juanjo López

**Design and Layout:**
Carlos Casado and Ana M.ª Gil

**Illustrations:**
Carlos Casado

**Photos:**
Thinkstock, Shutterstock

**Cambridge University Press**
32 Avenue of the Americas
New York, NY 10013

**Editorial Edinumen**
José Celestino Mutis, 4. 28028 Madrid. España
Telephone: (34) 91 308 51 42
Fax: (34) 91 319 93 09
e-mail: edinumen@edinumen.es
www.edinumen.es

## TO THE STUDENT

Heritage speakers of Spanish bring a unique set of experiences and skills to the language classroom. Many heritage speakers have a strong understanding of spoken Spanish, but might have little experience reading or writing in the language.

The **Cuaderno para hispanohablantes** is designed to provide additional challenges for heritage language students at the high school level, and help heritage learners with the use of written accents, proper spelling, and practice reading and writing skills. This workbook recognizes the value in heritage speakers' experience, and embraces the diverse knowledge of the Spanish language that heritage students bring to the classroom.

## TO THE TEACHER

Though a classroom that includes both monolingual English and heritage speakers is not without its challenges, each heritage student can be a positive presence and a unique resource for other students in the classroom. Establish a spirit of mutual respect and appreciation for all heritage speakers, regardless of proficiency level, as well as for monolingual English speakers who are new to Spanish. Invite your heritage speakers to introduce themselves and explain how much Spanish they know and who they learned it from. Encourage them to share what they can do well in Spanish and what skills they want to improve. Some of your heritage learners may understand spoken Spanish, but may not feel comfortable speaking. Encourage all students to learn from each other and to help one another.

The **Cuaderno para hispanohablantes** focuses on developing the linguistic skills of heritage speakers. The **Cuaderno** builds confidence by recognizing the value in heritage speakers' experience, and embracing the diverse knowledge of the Spanish language that these students bring to the classroom. To this end, the **Cuaderno para hispanohablantes** features the following:

- **Vocabulario** provides challenging activities that connect the unit themes to students' own lives and experiences.
- **Ampliación de vocabulario** encourages students to learn more about their own language usage, build and improve on what they know, and recognize regional differences.
- **Gramática** topics mirror those in the Student's Book, but are presented in Spanish and in greater depth.
- **Expansión de gramática** challenges students to go above and beyond the topics in the Student's Book and explore additional grammar structures.
- The skills represented in **Destrezas** include reading, writing, and public speaking: key skills for heritage speakers who already have a strong grasp of spoken Spanish.
- Students practice with the sounds and spelling of Spanish in **Fonética y ortografía**.
- The last section, **Cultura**, focuses on topics that celebrate the rich experiences and traditions of the Spanish-speaking world.

In addition, each level of the series corresponds directly to the *Mundo Real Media Edition* Student's Book, with complementary grammar and vocabulary sequencing. All activity direction lines are in Spanish. New audio activities, created specifically for the **Cuaderno para hispanohablantes**, accompany many of the activities.

**ANTES DE VIAJAR** (Textbook p. 41)

**1.1** **¿Qué hay que hacer antes de un viaje? Observa las imágenes y escribe varias frases.**

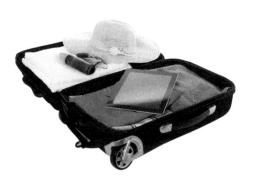  

**a.** Para viajar hay que <u>cambiar dinero a la moneda local.</u>　**c.** Para viajar hay que .............................................................

**b.** Para viajar hay que ..................................................................　**d.** Para viajar hay que .............................................................

**1.2** **Lee la siguiente lista de palabras y marca todas las palabras que son comunes al léxico del aeropuerto (1), la estación de tren (2) y la terminal de buses (3).**

- ☐ el boleto
- ☐ el piloto
- ☐ el chofer
- ☐ la dársena
- ☐ el maquinista
- ☐ el vuelo
- ☐ la pista
- ☐ la litera
- ☐ el andén
- ☐ el viajero

- ☐ la vía
- ☐ el pasajero
- ☐ el equipaje
- ☐ el equipaje de mano
- ☐ la maleta
- ☐ la aeromoza
- ☐ el coche cama
- ☐ la taquilla
- ☐ el asiento
- ☐ la reservación

- ☐ el mostrador de información
- ☐ el mostrador de líneas aéreas
- ☐ la documentación de equipajes
- ☐ la pantalla/el monitor de salidas y llegadas
- ☐ la puerta de embarque
- ☐ la máquina expendedora
- ☐ el control de pasaportes
- ☐ la máquina de refrescos
- ☐ la aduana
- ☐ los baños

**1.3** **Elige uno de los tres medios de transporte (avión, tren o bus) y escribe todos los pasos que debes hacer para viajar, usando palabras del ejercicio anterior.**

Modelo: el avión ➡ Tengo que hacer la reservación con tiempo y un día antes la maleta. El día del viaje hay que llegar al aeropuerto, ir al mostrador de líneas aéreas y presentar la documentación de equipajes. Entonces me dicen la puerta de embarque. Más tarde, paso por el control de pasaportes y la aduana con mi equipaje de mano. Miro el monitor de salidas y llegadas para ver dónde está mi puerta de embarque. Embarco en el avión finalmente, busco mi asiento, pido un vaso de agua a la aeromoza y, por fin, comienza mi vuelo.

..................................................................................................................................................................................................................

..................................................................................................................................................................................................................

## LOS VIAJES (Textbook pp. 42-45)

**1.4** Mira la foto. ¿Qué ves? ¿Cuándo crees que se sacó?

**1.5** Después de mirar la foto, imagina el viaje que hizo esta pareja y completa las siguientes frases libremente.

●●▶ La pareja fue a (a) ............................., salió de (b) ............................. y llevó (c) ............................. maletas. El vuelo en avión duró (d) ............................. horas y tuvieron un (e) ............................. viaje. En este paradisiaco lugar estuvieron (f) ............................. días. Se hospedaron en (g) ............................. de cinco estrellas. Como hizo (h) ............................. tiempo, se bañaron en (i) ............................. todos los días, pero quisieron practicar (j) ............................. y no pudieron porque no había (k) ............................. Visitaron (l) ............................. y (m) .............................
Les gustaron mucho los restaurantes: comieron (n) ............................. y bebieron (ñ) ............................. Además, conocieron a (o) ............................., por eso la pasaron (p) .............................

**1.6** Todo viajero tiene un cuaderno de viajes con fotos y recuerdos de anécdotas vividas. ¿Por qué no le cuentas a tus compañeros el viaje tan maravilloso que hiciste? Aquí tienes una lista de verbos que puedes usar y escribe tu historia.

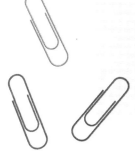

- salir de
- hospedarse en
- comer
- conocer (a)
- llegar
- beber
- regresar
- estar en
- ver
- comprar
- gustar
- visitar

### ¿TURISTA O VIAJERO?

**1.7** **Lee el siguiente cuestionario y contesta las preguntas que te hacen sobre tu forma de viajar. Comprueba el resultado con las soluciones para saber qué tipo de viajero eres.**

**1.** La última vez que viajaste, encontraste:
- **a.** ⃝ otras culturas.
- **b.** ⃝ diversión.
- **c.** ⃝ tranquilidad.

**2.** Tu lema fue:
- **a.** ⃝ familia y vacaciones.
- **b.** ⃝ diversión y más diversión.
- **c.** ⃝ enriquecimiento cultural.

**3.** Entre las diferentes opciones para las vacaciones elegiste:
- **a.** ⃝ un hotel de lujo.
- **b.** ⃝ una tienda de campaña.
- **c.** ⃝ un viaje de aventuras y de deportes de riesgo.

**4.** Te perdiste en:
- **a.** ⃝ medio del desierto.
- **b.** ⃝ una gran ciudad.
- **c.** ⃝ un país exótico.

**5.** Cuando decidiste marcharte de vacaciones, optaste por:
- **a.** ⃝ países nuevos.
- **b.** ⃝ lugares con comodidad.
- **c.** ⃝ lugares ya visitados por tus amigos.

**6.** Llevaste en tu maleta:
- **a.** ⃝ cuaderno de notas y una pluma.
- **b.** ⃝ una secadora de pelo.
- **c.** ⃝ algo para escuchar música.

**7.** Cuando estuviste viajando, ¿dejaste propinas en los taxis o en los restaurantes?
- **a.** ⃝ No, jamás.
- **b.** ⃝ Igual que en mi país.
- **c.** ⃝ Sí, generosas.

**8.** ¿Qué personaje protagonizaste en tu último viaje de ensueño?
- **a.** ⃝ Robinson Crusoe.
- **b.** ⃝ James Bond.
- **c.** ⃝ Obélix.

**9.** El viaje que hiciste fue para ti:
- **a.** ⃝ algo misterioso.
- **b.** ⃝ algo excitante.
- **c.** ⃝ algo peligroso.

**10.** ¿Cómo fueron aquellas vacaciones ideales?
- **a.** ⃝ Locas, muy locas.
- **b.** ⃝ Soleadas y relajantes.
- **c.** ⃝ Cultas y cansadas.

### Soluciones

**150-100 puntos:** Enhorabuena, eres un viajero excepcional. Para ti, viajar es uno de los mejores placeres que hay en la vida. Normalmente aceptas riesgos. Tus viajes dependen de tus propias necesidades personales y no de los convencionalismos sociales. Disfrutas del momento.

**95-75 puntos:** Ni aventurero ni turista. Para ti, viajar es conocer sitios y no personas. Te gusta viajar, pero con comodidad. Eres viajero única y exclusivamente hasta donde te interesa y te conviene.

**70-50 puntos:** En principio, no te gusta viajar. En muy pocas ocasiones disfrutas plenamente de los sitios que conoces. Para ti, lo importante es la forma y no el contenido. O sea, que eres un turista.

**Claves**
**1.** a. 15 b. 5 c. 10 **6.** a. 15 b. 10 c. 5
**2.** a. 5 b. 10 c. 15 **7.** a. 5 b. 15 c. 10
**3.** a. 15 b. 10 c. 5 **8.** a. 15 b. 10 c. 5
**4.** a. 10 b. 5 c. 15 **9.** a. 10 b. 15 c. 5
**5.** a. 15 b. 5 c. 10 **10.** a. 15 b. 5 c. 10

### 1. EL PRETÉRITO DE LOS VERBOS REGULARES (Textbook pp. 46-47)

|  | PAS**AR** | COM**ER** | SAL**IR** |
|---|---|---|---|
| Yo | pas**é** | com**í** | sal**í** |
| Tú | pas**aste** | com**iste** | sal**iste** |
| Él/ella/usted | pas**ó** | com**ió** | sal**ió** |
| Nosotros/as | pas**amos** | com**imos** | sal**imos** |
| Vosotros/as | pas**asteis** | com**isteis** | sal**isteis** |
| Ellos/ellas/ustedes | pas**aron** | com**ieron** | sal**ieron** |

- El **pretérito** (*preterit*) se usa para hablar de acciones que se realizaron en el pasado y están terminadas:
  - – *Anoche cené con mis amigos.*          – *Hace un mes llegó de vacaciones.*

- Los verbos acabados en **–er** / **–ir** tienen las mismas terminaciones.

- La forma *nosotros/as* de los verbos regulares en **–ar** e **–ir** coincide con el presente de indicativo correspondiente:
  - – *Nosotros* **trabajamos** *todos los días hasta las 18h.*          – *Todos los fines de semana* **salimos** *al campo.*
  - – *La semana pasada* **trabajamos** *hasta las 20h.*          – *Ayer* **salimos** *a cenar y* **llegamos** *tarde.*

**1.8** **Lucía tiene treinta y cinco años, trabaja fuera de casa y vive en un barrio residencial en las afueras de la ciudad. Su ritmo de vida es muy estresante. Mira los dibujos y ordénalos del 1 al 8.**

**a.** A las dos de la tarde comió con su mamá en un restaurante cerca de su trabajo.

**b.** Ayer Lucía salió muy temprano de su casa y manejó su carro para ir a la ciudad.

**c.** Al salir del trabajo hubo mucho tráfico en la ciudad y llegó tarde a recoger a su hijo a la escuela.

**d.** A las diez de la noche salió a cenar con sus amigos.

**e.** En la oficina trabajó mucho por la mañana.

**f.** Por la tarde asistió a una reunión muy importante.

**g.** Dos horas después dejó a su hijo en la escuela.

**h.** A las ocho de la noche preparó la cena para su hijo.

**1.9** **Completa la conjugación de estos verbos con las formas que faltan en pretérito.**

|  | BAILAR | BEBER | VIVIR |
|---|---|---|---|
| Yo |  | bebí |  |
| Tú | bailaste |  |  |
| Él/ella/usted |  |  | vivió |
| Nosotros/as |  | bebimos |  |
| Vosotros/as | bailasteis |  |  |
| Ellos/ellas/ustedes |  |  | vivieron |

**1.10** **Clasifica cada verbo conjugado en su persona correspondiente.**

~~vivieron~~ • lavamos • jugaron • se acostó • salí • limpiaste • ganaste • comimos • ayudó • escribí
recogiste • regresasteis • usé • estudiasteis • cocinaron • nació

Yo: ................................................................................................................

Tú: ................................................................................................................

Él/Ella/Usted: ...........................................................................................

Nosotros/as: .............................................................................................

Vosotros/as: ..............................................................................................

Ellos/as/Ustedes: vivieron, ..................................................................

**1.11** **Completa las frases con el verbo en pretérito.**

**a.** Carlos y Virginia ............................... (casarse) el año pasado.

**b.** La última vez que mis abuelos ............................... (venir) a casa, mi madre ............................... (hacer) guacamole.

**c.** El año pasado Marina me ............................... (regalar) un reloj por mi cumpleaños.

**d.** Gema ............................... (viajar) a México el verano pasado.

**e.** Mis padres ............................... (conocerse) en un curso de salsa.

**f.** ............................... (Ver, yo) *El Señor de los Anillos* más de veinte veces.

**g.** A Paco se le ............................... (romper) la bici ayer.

**h.** ¿ ............................... (Acabar, ustedes) de jugar a la videoconsola?

**i.** Susana, ¿anoche ............................... (comer) pescado?

**j.** El viernes Ana y yo ............................... (cenar) juntos.

## 2. EXPRESIONES TEMPORALES USADAS CON EL PRETÉRITO (Textbook p. 48)

Normalmente el pretérito va acompañado de las siguientes expresiones temporales:

- *El martes pasado/el año pasado/el mes pasado*
- *La semana pasada*
- *Al final de la semana*
- *Hace un año/dos meses/tres semanas*

- *El lunes/el martes/el 8 de diciembre*
- *En mayo/en 1998/en Navidad/en verano*
- *Ayer/anteayer/anoche/el otro día*
- *Ayer por la mañana/tarde*

**1.12** **Ordena cronológicamente los siguientes marcadores temporales de pretérito teniendo en cuenta la fecha de hoy.**

ayer • el mes pasado • anoche • anteayer • la semana pasada • el otro día

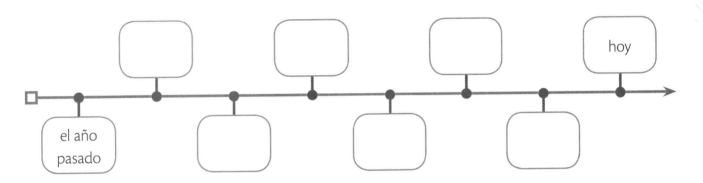

el año pasado

hoy

**1.13** **Completa las frases, según tu experiencia.**

a. ................................ viajé al extranjero.
b. ................................ preparé mi mochila.
c. ................................ vi una película en el cine.
d. ................................ me levanté muy temprano.
e. ................................ comí pizza.
f. ................................ salí con mis amigos.
g. ................................ nació mi padre/madre.
h. ................................ visité a mi familia.

**1.14** **¿Recuerdas tus últimas vacaciones? Escribe tres frases usando el pretérito y tres marcadores temporales.**

a. ............................................................................................................................
b. ............................................................................................................................
c. ............................................................................................................................

---

**EXPANSIÓN GRAMATICAL: VALORAR UNA ACTIVIDAD O PERIODO DE TIEMPO EN PASADO**

Para valorar un viaje o una experiencia positiva o negativamente:

- **Ser maravilloso/fantástico/inolvidable/horrible/aburrido:**
  - *Fue un viaje inolvidable/aburrido.*

- **Pasarla genial/chévere/de miedo/de maravilla/fatal/mal:**
  - *La pasamos de maravilla/fatal en el viaje.*

  En España se dice **pasarlo**:
  - *Lo pasamos genial.*

---

**1.15** **Observa lo que le pasó al amigo de Lucía en su último viaje. Mira los dibujos y ordena las frases que cuentan la anécdota del viaje. ¿Crees que tuvo una experiencia positiva o negativa?**

**a.** Mi maleta salió la última.

**b.** Llegué al hotel, desempaqué la maleta y…

**c.** Salí de casa, tomé un taxi, pero encontré un embotellamiento tremendo.

**d.** Llegué tarde al aeropuerto y perdí mi vuelo.

**e.** Tuve que comprar otro boleto.

**1.16** **Piensa en el mejor/peor momento de tu vida relacionado con los viajes. Haz una lista de varias cosas que te pasaron. Luego, escribe brevemente tus experiencias.**

Modelo: *El mejor momento fue cuando mi madre me llevó a Bogotá a ver el concierto de Shakira. La pasamos genial.*
*El peor día... cuando perdí el pasaporte en mi viaje a Egipto. ¡Qué mal la pasé!*

......................................................................................................................................................

......................................................................................................................................................

**1.17** Completa las siguientes expresiones de valoración con las palabras adecuadas del cuadro. Puede haber más de una opción.

> fantástico • muchísimo • de maravilla • divertido • mucho • fatal • aburrido • horrible • genial

**a.** Fue muy ................................................................

**b.** La pasé ................................................................

**c.** No la pasé ................................................................

**d.** Me gustó ................................................................

**e.** Me pareció ................................................................

**f.** No me pareció ................................................................

**1.18** Vuelve a mirar las viñetas de la actividad 1.15. ¿Te fijaste en la expresión de la cara y los gestos del protagonista? Completa el cuadro y, luego, compara cada gesto en español con los de tu lengua.

- ¡Es increíble! Perdí el vuelo.
- ¡Uf! ¡Esta maleta no llega nunca!
- ¡Qué desesperación!
- ¡Estoy harto!
- ¡Qué bien!

| El gesto expresa | Expresión verbal que puede utilizarse |
|---|---|
| Desesperación | |
| Sorpresa | ¡Es increíble! |
| Enfado | |
| Alegría | |
| Impaciencia | |

**1.19** Carmen hizo muchas cosas el pasado fin de semana. Escribe algunas frases y di cómo se la pasó. Haz un comentario positivo y otro negativo.

\+ ➡ ................................................................

\- ➡ ................................................................

\+ ➡ ................................................................

\- ➡ ................................................................

\+ ➡ ................................................................

\- ➡ ................................................................

\+ ➡ ................................................................

\- ➡ ................................................................

\+ ➡ ................................................................

\- ➡ ................................................................

**1.20** Sinéad estuvo en Barcelona unos días. Escribe lo que hizo debajo de cada foto. Recuerda escribir el verbo en pretérito.

> rentar una bici • tomar el sol • visitar la Sagrada Familia • pasear por la ciudad • hospedarse en un hotel • subir al teleférico • mirar el espectáculo de la Font Màgica • comer con los amigos • ir al mercado de la Boquería • bailar en una discoteca • comprar en las tiendas • sentarse en un banco del Parque Güell • tomar el metro • tomar fotos de la torre Agbar • sacar dinero de un cajero

a. ...........................................

b. ...........................................

c. ...........................................

d. ...........................................

e. ...........................................

f. ...........................................

g. ...........................................

h. ...........................................

i. ...........................................

j. ...........................................

k. ...........................................

l. ...........................................

m. ...........................................

n. ...........................................

ñ. ...........................................

**1.21** Con toda la información anterior, escribe la historia del viaje de Sinéad a Barcelona.

# D. DESTREZAS

## LECTURA

■ **Antes de leer**

> **ESTRATEGIA DE LECTURA: CONOCIMIENTOS PREVIOS**
>
> Consiste en anticipar y adivinar el tema del texto que se va a leer, haciendo hipótesis sobre las afirmaciones planteadas. Se emplea también como técnica de motivación y de autoevaluación. Esta estrategia facilitará la comprensión lectora.

**1.22** **¿Cómo imaginas el tema de la inmigración entre México y los Estados Unidos? Antes de leer el texto, di si estas afirmaciones son verdaderas o falsas. Luego lee el texto y comprueba tus respuestas.**

Antes            Después

V   F           V   F

☐ ☐  **a.** La migración de mexicanos se hace hacia países de Latinoamérica y Europa.

☐ ☐  **b.** Este fenómeno es relativamente nuevo.      ☐ ☐

☐ ☐  **c.** Los mexicanos emigran para mejorar su calidad de vida y la de sus familias.      ☐ ☐

☐ ☐  **d.** Los trabajadores mexicanos son generalmente bien recibidos en los países donde buscan trabajo.      ☐ ☐

☐ ☐  **e.** El fenómeno migratorio genera un gran intercambio de ideas, cultura, lenguaje, valores y formas de vida.      ☐ ☐

■ **Leer**

**1.23** **Lee el texto.**

### UN VIAJE DIFERENTE

La migración México-Estados Unidos cuenta con una larga tradición histórica, política, económica y social. Este tema continúa siendo un tema actual y de vital importancia para ambos países, sobre todo en los últimos años.

En principio, las condiciones geográficas de los dos países han hecho inevitable el movimiento de personas de un lado al otro de la frontera, la cual tiene en su totalidad alrededor de 3114.7 kilómetros.

La mayoría de los mexicanos emigran a los Estados Unidos con el fin de mejorar la calidad de vida para ellos y para sus familiares que se quedan en México. Este propósito frecuentemente implica arriesgar la vida al tratar de cruzar la frontera sin documentos, dejar a la familia por largos periodos de tiempo, ser víctimas de discriminación y abusos, y en general, enfrentarse a una gran cantidad de problemas en un ámbito desconocido.

Por otro lado, la mayoría de los migrantes mexicanos en Estados Unidos mantienen interacciones sociales, culturales, económicas y políticas en los dos países. Muchos son trabajadores temporales que participan en un circuito transnacional y mantiene abierta, de manera permanente, una puerta de comunicación e intercambio cultural y económico entre México y Estados Unidos. A través de estos círculos binacionales, se lleva a cabo una interacción constante de ideas, cultura, lenguaje, valores y formas de vida entre los dos países. Este intercambio genera cambios en el estilo de vida de los pobladores de ambos lados de la frontera y han sido estudiados y documentados tanto en Estados Unidos como en México en sus aspectos sociológicos, democráticos, políticos, económicos, laborales, históricos, antropológicos e, incluso, psicológicos.

■ **Después de leer**

**1.24** **¿Y tú?, ¿conoces a alguna persona que regresó a su país después de haber probado fortuna en otro? ¿Cómo fue su experiencia? Explica tu respuesta.**

## ESCRITURA

### ■ Antes de escribir

**ESTRATEGIA DE ESCRITURA: PONER EN ORDEN TU TEXTO**

Cuando escribes un texto, deberías pensar en los hechos sobre los que estás escribiendo. Deberías seguir una secuencia lógica, introduciendo alguna información adicional cuando lo consideres necesario, pero estando seguro de que regresas a la historia principal y la continúas en un orden lógico.

### ■ Escribir

**1.25** **Acabas de visitar una ciudad y le escribes a un amigo/a un correo electrónico de unas 70-80 palabras.**

En él debes:

- decirle dónde fuiste y con quién;
- explicarle qué hiciste;
- contarle qué lugares visitaste;
- valorar la experiencia.

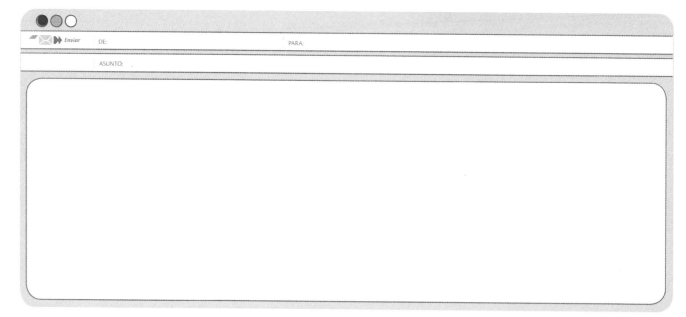

DE:                    PARA:

ASUNTO:

### ■ Después de escribir

**1.26** **Revisa los siguientes aspectos de tu correo electrónico.**

- Ortografía: las tildes.
- Precisión gramatical: el tiempo del pasado que utilizas para contar un hecho terminado.
- Coherencia de ideas y organización de la información.

## DISCURSO

**1.27** **Debes hablar durante 3 minutos sobre tu mejor viaje o tus vacaciones preferidas. Sigue las pautas.**

**ESTRATEGIA DE PRESENTACIÓN ORAL: USAR TUS NOTAS COMO GUÍA**

No olvides revisar tus notas de vez en cuando; te ayudará a seguir la estructura pensada y a no perderte. También es útil para recordar todas las preguntas que debes responder y saber el orden de la información que debes proporcionar.

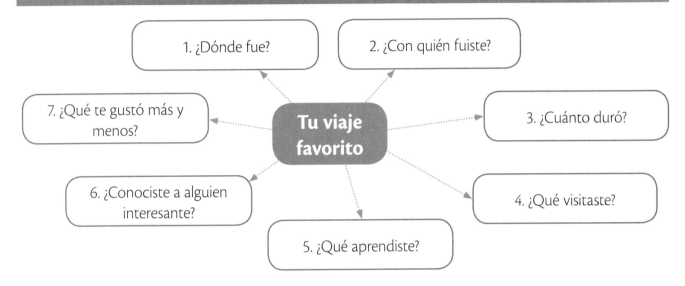

1. ¿Dónde fue?
2. ¿Con quién fuiste?
7. ¿Qué te gustó más y menos?
**Tu viaje favorito**
3. ¿Cuánto duró?
6. ¿Conociste a alguien interesante?
4. ¿Qué visitaste?
5. ¿Qué aprendiste?

## FONÉTICA Y ORTOGRAFÍA

### ■ Las palabras agudas

**1.28** 🎧 **1** **Escucha las siguientes palabras y subraya la última sílaba de cada una de ellas.**

**a.** color          **d.** pastel          **g.** almacén          **j.** café          **m.** bebé

**b.** camión          **e.** comí          **h.** corazón          **k.** mamá          **n.** feliz

**c.** ratón          **f.** reloj          **i.** amor          **l.** salí          **ñ.** azul

**1.29** **Completa la regla con los ejemplos anteriores.**

En las palabras agudas el acento cae en la última sílaba. Se pone tilde cuando las palabras terminan en:

- –⬭. Modelo: ........................................................................
- –⬭. Modelo: ........................................................................
- ⬭. Modelo: ........................................................................

**1.30** **Ahora aplica la regla y escribe la tilde donde corresponde.**

**a.** dolor          **d.** Daniel          **g.** tambien          **j.** claque          **m.** pared

**b.** conductor          **e.** bebi          **h.** razon          **k.** papa          **n.** infeliz

**c.** tapon          **f.** reloj          **i.** calor          **l.** escribi          **ñ.** papel

# E. CULTURA

## EL *SPANGLISH*

**1.31** ¿Sabes qué es el *spanglish*? Lee con atención las siguientes definiciones, elige la que creas que es correcta y argumenta tu elección.

**a.** El *spanglish* es la mezcla de español e inglés de la población hispana adinerada que vive en Estados Unidos.

**b.** El *spanglish* es la lengua que mezcla palabras españolas con inglesas y que hablan todas las comunidades hispanas que viven en Estados Unidos. Es un término que está incluido en el Diccionario de la Real Academia de la Lengua Española.

**c.** El *spanglish*, la fusión del español y el inglés, es la lengua de las comunidades hispanas de Estados Unidos. La Real Academia de la Lengua Española no incluye este término, sin embargo, en el año 2003 se publicó el mayor diccionario que existe de *spanglish* con más de seis mil palabras y expresiones.

**1.32** Lee y ordena los siguientes fragmentos para entender el término *spanglish* y su origen. Después, comprueba si tu respuesta al ejercicio anterior es la correcta y corrígela en caso necesario.

•••▶ **A.** El origen del *spanglish* se remonta a mediados del siglo XIX cuando México pierde la guerra, cede a Estados Unidos más de la mitad de su territorio y ciudades como Los Ángeles, San Diego y San Francisco pasan al control de Washington. ☐

•••▶ **B.** Cuatro años después, en 1977, surge la obra fundacional de la literatura en *spanglish*, el cuento "Pollito Chicken" de la narradora de origen puertorriqueño, Ana Lydia Vega, donde critica duramente la pérdida de identidad de los inmigrantes en Estados Unidos. ☐

•••▶ **C.** Sin embargo, el principal promotor del *spanglish* fue Ilán Stavans, un filólogo de origen mexicano que en el año 2003 publica el mayor diccionario de esta lengua que recoge 6000 palabras y expresiones surgidas de la mezcla del español e inglés. ☐

•••▶ **D.** Los Nuyorican Writers, un grupo de dramaturgos y poetas de vanguardia en la década de los 70 y de origen puertorriqueño, son los primeros en llevar el *spanglish* a la literatura. ☐

•••▶ **E.** Un año después, en 2004, da un paso más en el proceso de expansión de este nuevo idioma y traduce *Don Quijote de la Mancha* al *spanglish*. ☐

•••▶ **F.** Hoy en día, el término *spanglish* todavía no está incluido en la Real Academia de la Lengua Española, pero nadie discute la gran expansión de esta nueva forma de hablar español que emplea una gran cantidad de palabras prestadas del inglés. ☐

•••▶ **G.** Sin embargo, hablan en español entre ellos y poco a poco surge el *spanglish* como símbolo de su propia identidad y de resistencia ante el gobierno norteamericano. Posteriormente, la gran inmigración de latinoamericanos a Estados Unidos en la segunda mitad del siglo XX, supone la expansión definitiva del *spanglish*. ☐

•••▶ **H.** A partir de este momento, estos habitantes de origen mexicano tienen que aprender inglés. ☐

•••▶ **I.** En el año 1973 fundan en Manhattan el Nuyorican Poets Café que se convierte, con la lectura diaria de textos de autores hispanos y anglosajones, en el núcleo de la literatura en *spanglish*. ☐

•••▶ **J.** En él se destaca la gran importancia de las computadoras e Internet en la creación del *ciber-spanglish* y nacen verbos como "printear" (de imprimir/*to print*) o "resetear" (de volver a encender el ordenador/*to reset*). ☐

•••▶ **K.** Crecen en Nueva York, pero hablan y escriben en español e inglés. ☐

**1.33** 🎧 2 Ahora escucha el texto ordenado, comprueba si tus respuestas anteriores son correctas y corrígelas en caso necesario.

**1.34** María es una muchacha de origen puertorriqueño que ha vivido siempre en Estados Unidos. Dice que cuando viaja a Puerto Rico se ríen de ella porque habla en *spanglish*. A continuación, lee las siguientes frases de María y subraya las palabras en *spanglish*.

> ¡Babay, Diego! Nos vemos mañana.

> Ana estaba watcheando la TV.

> ¡Qué bildin más bonito!

Vacuno la carpeta una vez a la semana.

> Dice que es bilingual, pero yo no le creo.

¡Lo siento, no puedo ir! Esta semana estoy muy bisi.

> Juan es muy rápido cuando clickea.

Antes de acostarme, tomo un glasso de leche porque me ayuda a dormir mejor.

**1.35** A continuación, comprueba si las palabras subrayadas se encuentran en la columna de *spanglish*, relaciónalas con su significado y sustitúyelas en las frases anteriores en español.

■ Significado

**1.** edificio
**2.** ocupado
**3.** adiós
**4.** bilingüe
**5.** ver la televisión
**6.** vaso
**7.** pasar la aspiradora
**8.** teclear

■ *Spanglish*

**a.** glasso
**b.** clickear
**c.** bilingual
**d.** babay
**e.** vacunar la carpeta
**f.** bildin
**g.** bisi
**h.** watchear la TV

**1.36** ¿Qué piensas del *spanglish*? ¿Crees que es la degradación de la lengua? ¿Por qué?

......................................................................................................................................

......................................................................................................................................

......................................................................................................................................

## A. VOCABULARIO

### LAS OCUPACIONES COTIDIANAS (Textbook pp. 62-63)

**2.1** Escribe debajo de cada imagen una frase con la actividad que se representa.

a. ........................................ b. ........................................ c. ........................................ d. ........................................

e. ........................................ f. ........................................ g. ........................................ h. ........................................

**2.2** Fíjate en las siguientes imágenes. Todas hacen referencia a tareas de la casa. Escribe a qué actividad se refieren y palabras relacionadas con cada una. Después, escribe las ventajas y desventajas que puede tener para ti cada tarea.

¿De qué actividad se trata?
Escribe palabras relacionadas:
........................................................
........................................................
........................................................
........................................................

Ventajas: .......................................
........................................................
........................................................

Desventajas: .................................
........................................................
........................................................

¿De qué actividad se trata?
Escribe palabras relacionadas:
........................................................
........................................................
........................................................
........................................................

Ventajas: .......................................
........................................................
........................................................

Desventajas: .................................
........................................................
........................................................

# A. VOCABULARIO

¿De qué actividad se trata?
Escribe palabras relacionadas:

..................................................................

..................................................................

..................................................................

Ventajas: ........................................................

..................................................................

..................................................................

Desventajas: ...................................................

..................................................................

## ACTIVIDADES DE TIEMPO LIBRE (Textbook pp. 62-63)

**2.3** **Fíjate en las siguientes imágenes y relaciónalas con las expresiones correspondientes.**

**a.** Leer un libro.
**b.** Ir a un concierto.
**c.** Chatear.
**d.** Ver la televisión.
**e.** Ir a tomar botanas.
**f.** Tocar un instrumento.

**g.** Escuchar música.
**h.** Ir a un restaurante.
**i.** Ir al cine.
**j.** Tomar un café.
**k.** Ir de excursión.
**l.** Jugar a la videoconsola.

**1.**

**2.**

**3.**

**4.**

**5.**

**6.**

**7.**

**8.**

**9.**

**10.**

**11.**

**12.**

**2.4** **Después de trabajar el vocabulario sobre tareas de la casa y de tiempo libre, escribe un texto para explicar cuáles son tus ocupaciones cotidianas.**

.....................................................................................................................................................

.....................................................................................................................................................

**2.5** **A continuación, escribe un texto para explicar qué hiciste el último fin de semana.**

.....................................................................................................................................................

.....................................................................................................................................................

### LOS MEDIOS DE COMUNICACIÓN (Textbook pp. 68-69)

**2.6** Relaciona los programas con su definición.

**1.** Documentales  **2.** Telenovelas  **3.** Concursos  **4.** Noticieros

**a.** Programas donde las personas compiten por un premio.

**b.** Series, normalmente latinas, que hablan de poder, amor y dinero.

**c.** Cuentan cómo viven los animales salvajes, cómo es una cultura determinada, etc.

**d.** Noticias de actualidad sobre lo que pasa en el mundo.

**2.7** Lee las siguientes palabras y pregunta a tu compañero el significado de las que no entiendes o búscalas en el diccionario.

- Un medio de comunicación
- Un canal
- El telespectador
- Una cadena
- Una estación de radio
- Una programación
- La audiencia
- Una película
- Un concurso
- Un debate
- Un comercial/anuncio
- Un documental
- El oyente
- Un subscriptor

> ⇢ Para referirse a un nombre que ha aparecido anteriormente en el discurso, puedes usar:
> - Nombre + **que** + frase.
>   - *Una estación de radio **que** solo pone música clásica.*

> ⇢ Si el nombre es un lugar, puedes usar:
> - Nombre + **donde** + frase.
>   - *Es el restaurante **donde** comemos después de clase.*

**2.8** Relaciona las siguientes palabras con su definición y completa con *que* o *donde*.

> concurso • noticieros • película • canal • debate • programación • audiencia • telespectador

**a.** Discusión ............................ se realiza acerca de un tema.

**b.** Filmación ............................ podemos ver en el cine.

**c.** Conjunto de programas ............................ retransmiten por radio y televisión.

**d.** Persona ............................ ve la televisión.

**e.** Prueba ............................ varias personas compiten para conseguir un premio.

**f.** Programa ............................ se emiten las últimas noticias.

**g.** Órgano, de titularidad pública o privada, ............................ informa y entretiene a la audiencia.

**h.** Conjunto de personas ............................ atiende un programa de radio o TV en un momento dado.

**2.9** Piensa en un programa de radio o televisión. Descríbelo sin decir cuál es. A ver si tus compañeros lo adivinan.

Modelo: *Es un programa que tiene mucho éxito y donde los participantes cantan.*

# A. VOCABULARIO

**2.10** Ahora elabora tú las definiciones para las siguientes palabras relacionadas con los medios de comunicación.

Comercial: .........................................................

Telenovela: .........................................................

Documental: .........................................................

Presentador: .........................................................

Redes sociales: .........................................................

Entrevista: .........................................................

**2.11** Escribe palabras que asocias a estos dos medios de comunicación y, después, compáralas con tu compañero. ¿Son muy diferentes?

canal

Televisión

Radio

estación

**2.12** 🎧 **3** Escucha la siguiente grabación sobre los latinos y su relación con los medios de comunicación. Decide si las siguientes afirmaciones son verdaderas (V) o falsas (F). Justifica tus respuestas.

|  | V | F |
|---|---|---|
| **a.** El autor se despierta oyendo el radio. | ☐ | ☐ |
| **b.** En el carro, cuando va al trabajo, escucha música. | ☐ | ☐ |
| **c.** Lee la prensa en la noche. | ☐ | ☐ |
| **d.** La revista semanal que compra tiene noticias diferentes. | ☐ | ☐ |
| **e.** Para el autor, la realidad es como una novela. | ☐ | ☐ |
| **f.** La información del mundo ocupa el tiempo de las personas e impide que piensen en su vida y su realidad. | ☐ | ☐ |
| **g.** Aquí el verbo *dominar* es sinónimo de *controlar*. | ☐ | ☐ |

**2.13** ¿Cuáles son los medios de comunicación que utilizas con más frecuencia en español para informarte sobre los siguientes temas? Coméntalo con tu compañero.

| | Medio de comunicación |
|---|---|
| **a.** Noticias | |
| **b.** Documentales | |
| **c.** Debates | |
| **d.** Información práctica: cartelera, tiempo… | |
| **e.** Horóscopo | |
| **f.** Eventos culturales | |
| **g.** Otros… | |

## LAS NOTICIAS DE PRENSA

**2.14** Los periódicos ordenan el contenido en secciones para facilitar al lector la búsqueda de información. Clasifica los siguientes contenidos en la sección apropiada.

a. Noticias del propio país.

b. Noticias regionales o locales.

c. Información sobre cines, teatros…

d. Sucesos y noticias sobre personajes famosos.

e. Noticias sobre cine, teatro, música, danza…

f. Programación de las televisiones y estaciones de radio.

g. Noticias del mundo empresarial y comercial.

h. Noticias deportivas.

i. Anuncios por palabras.

j. Noticias de todo el mundo.

k. Información práctica: farmacias, loterías, el tiempo…

l. Información sobre la cotización de las acciones.

m. Noticias más importantes y sumario (índice).

n. Sopa de letras, crucigrama, sudoku…

| Secciones | Contenidos |
|---|---|
| Portada | |
| Internacional | |
| Nacional | |
| Local | |
| Sociedad | |
| Cultura | |
| Cartelera | |

| Secciones | Contenidos |
|---|---|
| Anuncios breves | |
| Deportes | |
| Economía | |
| Bolsa | |
| Agenda | |
| Pasatiempos | |
| Radio y televisión | |

**2.15** Lee estos titulares y escribe a qué sección del periódico pertenece cada uno. Después, compara tus respuestas con las de tu compañero.

1. ......................................................

•••➤ El Departamento de Educación concederá becas a todos los universitarios el próximo año.

2. ......................................................

•••➤ En Bruselas se alcanza un acuerdo europeo para los próximos ocho años.

3. ......................................................

•••➤ Los Óscar podrán tener hasta seis candidatas a la mejor película.

4. ......................................................

•••➤ La selección argentina de futbol espera a su rival en octavos.

5. ......................................................

•••➤ Se vende Seat Ibiza 1.9 tdi Style. Año 2013. 15.000 km. Precio a convenir.

6. ......................................................

•••➤ Un terrible accidente provoca embotellamientos de hasta 20 km en la autovía A-7.

**2.16** Ahora inventa tres titulares correspondientes a tres secciones diferentes del periódico. Tu compañero tiene que decir a qué sección pertenecen cada uno de ellos.

## 1. EL PRETÉRITO DE LOS VERBOS IRREGULARES (Textbook pp. 70-73)

**2.17** **Ricardo tiene una cuenta en Facebook y colgó esta foto en su muro después de su fin de semana en la nieve. Lee los comentarios de sus amigos y, después, fíjate en los verbos en negrita. ¿A qué tiempo hacen referencia: presente, pasado o futuro?**

• Las formas verbales se refieren al ..........................

**2.18** **Vuelve a leer el texto, fíjate en los ejemplos y elige las palabras adecuadas para completar la siguiente regla.**

**EL PRETÉRITO**

Recuerda:

• Con los verbos en pretérito el hablante se refiere al **pasado / presente**.

• Estas acciones están **terminadas / no terminadas**.

Estos son algunos marcadores temporales que se pueden usar con pretérito. ¿Conoces otros?

• *Anoche, ayer,* ..........................

• *Hace dos meses, hace dos días,* ..........................

• *El fin de semana pasado, el verano pasado,* ..........................

• *En el año 2006, en abril,* ..........................

**2.19** Ahora, escribe las formas verbales que están en negrita en el texto en la columna que corresponda junto a su infinitivo. Piensa si el verbo en pretérito es regular o irregular.

| Verbos regulares | Verbos irregulares |
|---|---|
| Pasamos → pasar | Hiciste → hacer |
|  |  |

**2.20** Completa las formas que faltan del pretérito irregular. Puedes utilizar algunos de los verbos de la actividad anterior. Después, compara los resultados con tu compañero.

EL PRETÉRITO DE LOS VERBOS IRREGULARES

|  | SER/IR | ESTAR | QUERER | VENIR | TENER |
|---|---|---|---|---|---|
| Yo | fui | estuve | quise |  | tuve |
| Tú | fuiste |  | quisiste |  | tuviste |
| Él/ella/usted |  | estuvo |  | vino |  |
| Nosotros/as | fuimos | estuvimos |  | vinimos |  |
| Vosotros/as | fuisteis |  |  | vinisteis | tuvisteis |
| Ellos/ellas/ustedes |  | estuvieron | quisieron |  | tuvieron |

|  | PODER | PONER | DAR | HACER | VER |
|---|---|---|---|---|---|
| Yo |  | puse | di |  | vi |
| Tú |  |  | diste |  |  |
| Él/ella/usted |  |  |  | hizo | vio |
| Nosotros/as | pudimos |  | dimos |  |  |
| Vosotros/as | pudisteis |  |  | hicisteis | visteis |
| Ellos/ellas/ustedes |  | pusieron |  |  |  |

**2.21** Completa el texto con el verbo más adecuado en la forma correcta de pretérito.

ser • pasar • estar (x2) • dar • encantar • salir • bañar • llegar • rentar • poner • poder • ir

•••▶ Una vez mis amigos y yo estuvimos en una isla paradisiaca. El viaje en avión (a) ............................... interminable, ¡12 horas!, pero valió la pena. (b) ........................... de Chicago con 35 °F y lloviendo, y durante los siete días que (c) ............................ en la isla el tiempo fue maravilloso. Nada más llegar, (d) ........................... un carro y (e) ............................ una vuelta por la isla. Nos (f) ........................: tranquilidad, vegetación, mar, playa… Una vez que (g) ........................... al hotel, nos (h) ............................ el traje de baño y nos (i) ........................... en la alberca. Ese primer día no (j) ........................... ir a la playa, era muy tarde, pero después (k) ........................... todas las mañanas. ¡(l) ........................... unos días maravillosos!

**2.22** Coloca los marcadores en la tabla según sean de presente o pasado. Algunos pueden aparecer en las dos columnas.

> normalmente • siempre • ayer • todos los días • anoche • los lunes •
> habitualmente • el lunes pasado • anteayer • el otro día • en 1990 • cada día •
> anteanoche • hoy • hace un año • el verano anterior

| Marcadores de presente | Marcadores de pasado |
|---|---|
| Normalmente | Ayer |

**2.23** Haz una lista con las actividades que hiciste durante este año y escribe al lado de ellas cuándo tuvieron lugar. Puedes usar los marcadores temporales anteriores.

**2.24** 🎧 4 Vas a escuchar una conversación entre Elena y su amiga Paula en la que hablan de un viaje de fin de semana. Marca verdadero (V) o falso (F) y justifica tus respuestas.

|  | V | F |
|---|---|---|
| **a.** Elena y su pareja llegaron el sábado a la Sierra Tapalpa. | ☐ | ☐ |
| **b.** Elena se hospedó en un hostalito "con encanto". | ☐ | ☐ |
| **c.** Visitaron la catedral de Guadalajara. | ☐ | ☐ |
| **d.** Paula fue a Puerto Vallarta. | ☐ | ☐ |
| **e.** En la costa hizo muy mal tiempo. | ☐ | ☐ |
| **f.** Paula y su pareja tuvieron que pedir aventón (empujón). | ☐ | ☐ |

**2.25** Ahora escribe un texto similar sobre un fin de semana que pasaste en algún lugar especial.

### 2. POSESIVOS POSPUESTOS (Textbook pp. 74-75)

| | Masculino **singular** | Femenino **singular** | Masculino **plural** | Femenino **plural** |
|---|---|---|---|---|
| Yo | **mío** | **mía** | **míos** | **mías** |
| Tú | **tuyo** | **tuya** | **tuyos** | **tuyas** |
| Él/ella/usted | **suyo** | **suya** | **suyos** | **suyas** |
| Nosotros/as | **nuestro** | **nuestra** | **nuestros** | **nuestras** |
| Vosotros/as | **vuestro** | **vuestra** | **vuestros** | **vuestras** |
| Ellos/as/ustedes | **suyo** | **suya** | **suyos** | **suyas** |

- Los posesivos pospuestos (*long form possessives*) siguen siempre al sustantivo y funcionan como adjetivo o como pronombre:

    – *Es un problema tuyo.* (adjetivo)      – *¿Mío?* (pronombre)      – *Sí, tuyo.* (pronombre)

**2.26** **Elige la opción correcta.**

a. ➤ ¿Dónde están **mis/mías** lentes?
   ▷ No lo sé, en **mía/mi** habitación están los **mis/míos**.

b. Un primo **mío/mi** vino a hablar contigo.

c. La profesora no dijo **tuyo/tu** nombre, dijo el **mi/mío**.

d. Steven está enfadado porque un vecino **suyo/suyos** se quejó de **su/suya** música.

e. Estos papeles son de un amigo **mía/mío**.

f. **Nosotros/Nuestro** hijo es muy educado. El **suyos/suyo** es muy travieso.

g. Estas cosas son **suyos/suyas**.

**2.27** **Completa la tabla con los ejemplos de las frases anteriores.**

| Adjetivos posesivos | Posesivos pospuestos | |
|---|---|---|
| | Adjetivo | pronombre |
| mis lentes | primo mío | los míos |
| | | |

**2.28** **Completa las frases.**

a. Estos lentes son los ........................... (de yo). Los necesito ya.

b. Vi a Miguel con unos amigos ........................... (de él).

c. Terminé mi libro. Quiero leer el ........................... (de ustedes).

d. ➤ ¿Es ........................... (de tú) esta taza?
   ▷ No, la ........................... (de yo) está rota.

## D. DESTREZAS

### LECTURA

■ **Antes de leer**

**2.29** **Contesta las siguientes preguntas.**

- ¿Sabes qué es un cuento? ¿Qué cuentos conoces?
- ¿Cuáles son los personajes más frecuentes en los cuentos?
- ¿Cuál es tu personaje favorito de los cuentos?

> **ESTRATEGIA DE LECTURA: VISUALIZAR LA HISTORIA**
>
> Es necesario imaginar los hechos, procesos o personajes, reales o ficticios, de un texto escrito. Visualizar es crearse una imagen mental al leer, buscando detalles que muestren cómo son o podrían ser los hechos, personajes o situaciones que describe una lectura.

■ **Leer**

**2.30** **Lee el siguiente cuento sobre la historia de un rey.**

••▶ Un rey, **desconfiado** de las mujeres, se enamora perdidamente de una pastorcita llamada Griselda. Loco de amor, decide casarse con ella, así que va a pedirle la mano al padre, quien acepta muy **sorprendido** y **emocionado**. A los pocos días se casan y, unos meses después, tienen una hija; le ponen de nombre Esperanza.

Al cabo de un tiempo, un día, el rey ve a Griselda hablando con un pastor y, **enloquecido** por los celos, ordena matarlo. Para castigarla a ella, la expulsa del palacio, y además le arrebata a su hija Esperanza y la entrega en un convento. Pero Griselda tiene suerte porque una anciana mujer, que ve la entrega de la niña, le revela el paradero de su hija y puede seguir viéndola a escondidas. El rey, por su parte, no vuelve a verla más porque así se lo piden los monjes del convento en el momento de entregarla.

Dieciocho años más tarde, el rey vuelve a enamorarse de otra mujer mucho más joven que él. Pero esta vez no llega a casarse con ella porque descubre la identidad de la joven cuando un día la ve hablando con Griselda. En ese momento el rey se da cuenta del enorme parecido de ambas mujeres y lo comprende todo cuando las ve abrazarse con lágrimas en los ojos.

El rey, **arrepentido**, les pide perdón. Ellas, **enternecidas**, lo perdonan y aceptan volver a vivir con él. El resto de sus vidas son felices y comen perdices.

■ **Después de leer**

**2.31** **Une cada palabra con su definición.**

| | |
|---|---|
| **1.** Arrebatar. | **a.** En secreto. |
| **2.** Parecido. | **b.** Quitar algo a alguien con violencia. |
| **3.** Expulsar. | **c.** Lugar de destino. |
| **4.** Paradero. | **d.** Echar de un lugar a alguien. |
| **5.** Revelar. | **e.** Decir un secreto. |
| **6.** A escondidas. | **f.** Semejanza. |

**2.32** ¿Conoces el verbo que le corresponde a cada una de las palabras anteriores? Escribe el infinitivo y trata de construir una frase con ese verbo referida a la historia.

Desconfiado: ........................................................     Emocionado: ........................................................

Enloquecido: ........................................................     Arrepentido: ........................................................

Enternecidas: ........................................................     Sorprendido: ........................................................

**2.33** Ahora puedes transformar el texto de presente a pretérito y escribir un pequeño resumen.

........................................................

## ESCRITURA

### ■ Antes de escribir

**2.34** Piensa en un amigo al que quieres escribirle un correo electrónico y qué tipo de relación tienes con él para elegir el saludo más adecuado. Haz un esquema y selecciona las tres actividades más interesantes y los lugares de los que quieres hablar.

> **ESTRATEGIA DE ESCRITURA: IDENTIFICAR AL INTERLOCUTOR**
>
> Cuando escribes un correo a una persona, conocida o no, es esencial organizar el tema lógicamente y usar el tono correcto. Si escribes a un amigo, que es un tipo de comunicación informal, sabes que debes tratarlo con la forma **tú** en vez de **usted**.

### ■ Escribir

**2.35** Acabas de ver un programa de televisión nuevo y le escribes a un/a amigo/a un correo electrónico de unas 70-80 palabras.

En él debes:

- decirle qué programa viste;
- explicarle de qué se trata;
- contarle qué pasó en él;
- valorar la experiencia.

Enviar   DE:     PARA:

ASUNTO:

### ■ Después de escribir

**2.36** Revisa los siguientes aspectos de tu correo electrónico:

- La ortografía.
- Vuelve a leer el texto para comprobar que dijiste todo lo que querías.
- Lee tu correo en voz alta para comprobar que te suena bien y practicar la pronunciación.

# D. DESTREZAS

## DISCURSO

**ESTRATEGIA DE PRESENTACIÓN ORAL: CUIDAR EL LENGUAJE**

Utiliza un lenguaje sencillo y claro para describir con exactitud las imágenes presentadas. Cuida tu pronunciación y trata de expresarte con fluidez.

**2.37** **Te vamos a presentar dos imágenes sobre actividades para pasar el tiempo libre.**

**A.** Descríbelas indicando:
- dónde están las personas que aparecen;
- qué están haciendo;
- con quién te sientes más identificado y por qué.

**B.** Responde a las siguientes preguntas:
- ¿De cuánto tiempo libre dispones?
- ¿Qué sueles hacer en tu tiempo libre?
- ¿Qué actividades de ocio te gusta practicar?
- ¿Con quién y dónde las practicas?

## FONÉTICA Y ORTOGRAFÍA

■ **Las palabras llanas**

**2.38** **Señala en el siguiente texto todas las palabras llanas y pon la tilde cuando sea necesario.**

•••► La novela *Cien años de Soledad* se publicó en el año 1967. En la historia, que abarca más de 400 años, Gabriel Garcia Marquez nos cuenta la vida de los antepasados de José Arcadio y su esposa Úrsula. Ambos pertenecen a las familias de los Buendia y los Iguarán respectivamente; a lo largo de los años estas familias se casan sucesivamente entre sí hasta que un dia, nace un niño con cola de iguana.

Cuando José Arcadio Buendia y Úrsula Iguarán se casan, él no quiere mantener relaciones con su esposa, pues no quiere tener un hijo con cola de iguana. Prudencio, el padre de Úrsula, dice que José Arcadio es un cobarde por lo que José Arcadio se siente muy ofendido y lo mata. A partir de este momento, su vida se hace muy dificil: el muerto se le aparece constantemente y José Arcadio decide huir de este fantasma, llega a una pequeña aldea, se queda a vivir allí y la funda con el nombre de Macondo.

Gabriel Garcia Marquez reconoció que la novela tenia muchas similitudes con su propia vida. La fundación de Aracataca, la ciudad natal del escritor, fue muy parecida a la de Macondo; cuando era joven su abuelo mató también a un hombre, y decidió huir a otro pueblo que también fundó: "Aracataca".

**2.39** **A continuación, completa la regla.**

- Las palabra llanas en español son .................................................................
- Las palabra llanas tienen tilde cuando acaban en .................................................................

# E. CULTURA

**2.40** ¿Has oído hablar alguna vez de la *Fiesta de los quince años*? Comenta qué tipo de fiesta es y en qué países de habla hispana se celebra.

**2.41** Las siguientes frases están relacionadas con la *Fiesta de los quince años*. Léelas y marca si son verdaderas (V) o falsas (F). Justifica tu elección.

Antes de leer
(V  F)

Después de leer
(V  F)

- **a.** La división de clases socioeconómicas no es tan marcada en Latinoamérica.
- **b.** Es una fiesta celebrada en todos los países de Latinoamérica.
- **c.** Es una fiesta que se celebra tan solo en Europa.
- **d.** Se celebra el quince cumpleaños de una muchacha.
- **e.** Se trata de una fiesta muy íntima y familiar, en la que apenas hay invitados.
- **f.** La fiesta tiene un marcado carácter social. Se celebra la transición de niña a mujer de la quinceañera y su presentación en sociedad.
- **g.** La fiesta tiene unos rituales muy marcados que se celebran de la misma manera en todos los países.

**2.42** En los siguientes correos, dos muchachas procedentes de dos países latinos le escriben a su amiga española, María, para explicarle la celebración de la *Fiesta de los quince años* en sus respectivos países. Léelos con atención, comprueba tus respuestas anteriores y corrígelas en caso necesario.

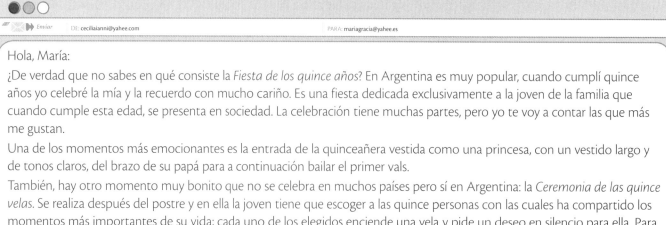

Enviar   DE: ceciliaianni@yahee.com   PARA: mariagracia@yahee.es

Hola, María:

¿De verdad que no sabes en qué consiste la *Fiesta de los quince años*? En Argentina es muy popular, cuando cumplí quince años yo celebré la mía y la recuerdo con mucho cariño. Es una fiesta dedicada exclusivamente a la joven de la familia que cuando cumple esta edad, se presenta en sociedad. La celebración tiene muchas partes, pero yo te voy a contar las que más me gustan.

Una de los momentos más emocionantes es la entrada de la quinceañera vestida como una princesa, con un vestido largo y de tonos claros, del brazo de su papá para a continuación bailar el primer vals.

También, hay otro momento muy bonito que no se celebra en muchos países pero sí en Argentina: la *Ceremonia de las quince velas*. Se realiza después del postre y en ella la joven tiene que escoger a las quince personas con las cuales ha compartido los momentos más importantes de su vida; cada uno de los elegidos enciende una vela y pide un deseo en silencio para ella. Para finalizar, la quinceañera le dedica unas frases de agradecimiento a cada uno. Las quince velas se ordenan en una maqueta o decoración especial preparada para este evento. Esta ceremonia se conoce también como *El árbol de la vida*.

Actualmente muchas agencias se encargan de organizar el viaje de los quince años, y entre los destinos más escogidos está Disneyworld.

Por cierto, mañana es la *Fiesta de los quince años* de mi hermana pequeña y tenemos muchas sorpresas preparadas. ¡Prometo escribirte pronto para contártelas!

Un beso,

Cecilia

Enviar    DE: gabriela@yahee.es                                    PARA: mariagarcia@yahee.com

Querida María:

Me imagino que para ti la *Fiesta de los quince años* es algo bastante desconocido porque en España apenas se celebra. En muchos países de Latinoamérica como Argentina, Cuba, México, Perú, República Dominicana, Venezuela, etc., es una tradición muy popular en la que todas las muchachas sueñan con el día en que se cumplen quince años. Las celebraciones de esta fiesta varían un poco según el país; yo te voy a contar cómo se celebra en el mío, México...

Es como una iniciación social parecida a los bailes para debutantes de los nobles ingleses y la alta burguesía francesa del siglo XIX. A los quince o dieciséis años, las muchachas iban a su primera presentación en sociedad, en México lo hacen muchachas ricas y pobres.

La celebración tiene dos partes: el Tedeum, que es una misa de agradecimiento en la iglesia; y la fiesta, que puede ser en casa de la familia, en el patio común de la vecindad, en un jardín privado o en un salón de fiestas. A veces, la celebración empieza en la madrugada con una serenata en casa de la quinceañera, normalmente con un grupo de mariachis, después el camino a la iglesia, que se puede hacer andando acompañada de familia o amigos, en coche antiguo o incluso en una limusina. Luego viene la fiesta con los quince chambelanes (amigos que acompañan a la quinceañera), el brindis y el vals.

Para mí, el momento más lindo es cuando tiene lugar el baile de vals de la última muñeca; el padre de la quinceañera le regala a esta una muñeca de porcelana, símbolo de la última muñeca que recibirá de regalo, pues ha dejado de ser una niña.

Por cierto, María, en el mes de julio mi prima Elena celebra su fiesta de los quince años. ¿Por qué no vienes?

¡Anímate, será muy divertido!

Un abrazo,

Gabriela

**2.43** **Observa las siguientes fotos y escribe el momento de la *Fiesta de los quince años* al que se refieren.**

**a.** .................................................    **b.** .................................................    **c.** .................................................    **d.** .................................................

**2.44** **5** **A continuación, María da su opinión sobre la celebración de la *Fiesta de los quince años*. Escúchala con atención y completa las frases.**

**a.** A María le parece muy raro celebrar ................... de esta manera.

**b.** El festejo de la *Fiesta de los quince años* sigue todos los rituales de una boda tradicional: ...................,
................... , ................... y ................... .

**c.** Antiguamente en España, se celebraban ................... a los dieciocho años. Era una forma de presentar a las jóvenes en sociedad.

**d.** La *Ceremonia de las quince velas*, también llamada ..................., conlleva mucha simbología: ................... .

**e.** A María, el vals de la última muñeca le parece ................... .

**2.45** **¿Y a ti qué te parece esta tradición? ¿Estás de acuerdo con la opinión de María? ¿Existe en tu país alguna fiesta similar?**

# ¿DÍGAME?

## A. VOCABULARIO

### LAS TIENDAS (Textbook p. 96)

**3.1** **¿Dónde puedes comprar los siguientes productos?**

**a.** Una barra de pan. ➡ ........Panadería........

**b.** Un kilo de plátanos. ➡ ....................

**c.** Un paquete de chicles. ➡ ....................

**d.** Un frasco de Chanel N.º 5. ➡ ....................

**e.** Un pescado fresco. ➡ ....................

**f.** Un kilo de carne. ➡ ....................

**g.** Un ramo de flores. ➡ ....................

**h.** Una caja de chocolates. ➡ ....................

**i.** Una botella de leche. ➡ ....................

**j.** Unos jeans. ➡ ....................

**3.2** **Relaciona las frases.**

**1.** Voy a la oficina de correos

**2.** Necesito un buzón

**3.** Entramos en la cafetería

**4.** Marisa va a la taquilla

**5.** Vas a la farmacia

**6.** Quiero un periódico

**7.** ¿Necesito ir al teatro

porque

para

**a.** comprar aspirinas.

**b.** necesito unas estampitas para Venezuela.

**c.** leer las últimas noticias.

**d.** comprar un boleto de metro.

**e.** comprar las entradas?

**f.** queremos desayunar.

**g.** enviar esta carta.

**3.3** **Lee el texto y escribe la pregunta adecuada para responder a las frases que están en negrita.**

•••➤ Hoy en la mañana el mercado está imposible. ¡Qué precios! Una barra de pan **cuesta 1.89 dólares**; los tomates y las peras **están a 2 dólares el kilo**; cuatro plátanos **cuestan 1 dólar** y una lechuga **vale 1.79 dólares**. ¡Qué precios!

Modelo: ¿Cuánto cuesta una barra de pan?

...................................................................................

...................................................................................

...................................................................................

...................................................................................

**3.4** **Elige una de estas situaciones y escribe un diálogo.**

Estás en una tienda y quieres comprar una chaqueta roja, pero de tu talla solo hay una verde. Al final, decides llevártela y pagas en efectivo.

Quieres comprar un kilo de manzanas y dos kilos de duraznos, y entras en una frutería. Prefieres manzanas rojas, pero son muy caras. Te llevas las manzanas verdes y dos kilos de fresas. Vas a pagar con tarjeta.

**3.5** Lee los siguientes diálogos e identifica dónde están. Luego, relaciona cada diálogo con su dibujo.

■ Conversación 1:

➤ ¡Buenos días! ¿Puedo ayudarle en algo?

▷ Sí, estoy buscando una camisa.

➤ ¿Algún color en especial?

▷ Sí, blanca, por favor.

➤ ¿Qué talla necesita?

▷ Este…, no me acuerdo. No estoy segura, pero creo que la 32.

➤ Tenemos estos modelos. ¿Le gusta alguno?

▷ Sí, esa. ¿Cuánto cuesta?

➤ 35 dólares.

▷ ¿Puedo probármela?

➤ Sí, por supuesto. Los probadores están al fondo a la derecha. (…) ¿Qué tal le queda?

▷ Pues, no sé… No estoy muy segura… Me queda un poco justa y el cuello no me gusta… Creo que voy a pensarlo.

■ Conversación 2:

➤ ¡Hola!

▷ ¡Hola, buenas tardes!

➤ ¡Buenas tardes! ¿Me puede dar una tarjeta de teléfono?

▷ Sí, un momento, por favor… acá tiene. ¿Algo más?

➤ Sí. ¿Qué precio tienen esas plumas de ahí?

▷ Aquellas cuestan un dólar y estas de acá son más baratas: 0.50 dólares.

➤ Entonces, deme una de 0.50 dólares.

▷ ¿De qué color la prefiere?

➤ Pues… roja, por favor.

▷ Acá tiene. ¿Desea algo más?

➤ No, nada más, gracias.

▷ Son 1.5 dólares.

■ Conversación 3:

➤ Disculpe, ¿hay alguien antes de mí?

▷ No, no hay nadie. Es su turno.

➤ ¿Qué le damos?

▷ ¿Qué tal está el salmón? ¿Fresco?

➤ ¡Sí, cómo no! Mire, está muy fresco.

▷ ¿A cómo está?

➤ A 8 dólares el kilo.

▷ Muy bien, me llevo dos kilos, por favor.

➤ ¿Algo más?

▷ No, gracias, muy amable.

■ Conversación 4:

➤ Disculpe, señorita, ¿me puede atender, por favor?

▷ Sí, dígame, ¿qué necesita?

➤ Mire, necesito un cepillo de dientes. ¿Me puede enseñar algún cepillo eléctrico, por favor?

▷ Pues en este momento no me queda ninguno, lo siento. ¿Alguna otra cosa?

➤ No, nada más, gracias. Hasta luego.

▷ Gracias a usted, hasta luego.

**3.6** ¿Verdadero o falso? Elige tu respuesta.

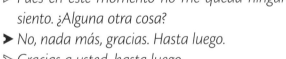

|  | V | F |
|---|---|---|
| **a.** La camisa cuesta menos que el salmón. | ☐ | ☐ |
| **b.** No hay ninguna pluma en la tienda. | ☐ | ☐ |
| **c.** La clienta de la farmacia quiere un cepillo de dientes eléctrico, pero no puede ver ninguno porque no hay. | ☐ | ☐ |
| **d.** La clienta de la tienda de ropa quiere una camisa blanca. | ☐ | ☐ |
| **e.** La señora que quiere una camisa blanca está indecisa. No sabe si comprarla o no. | ☐ | ☐ |
| **f.** El salmón está a 8 dólares y no está muy fresco. | ☐ | ☐ |
| **g.** El cliente no compra la pluma. | ☐ | ☐ |
| **h.** No hay ningún probador en la tienda de ropa. | ☐ | ☐ |

## EL LENGUAJE TELEFÓNICO (Textbook pp. 97-98)

**3.7** **Contesta las preguntas y comenta las respuestas con tus compañeros.**

- ¿Te gusta hablar por teléfono?
- ¿Has hablado por teléfono en español alguna vez?
- ¿Qué dificultades tienes en una conversación telefónica?
- ¿Crees que el teléfono puede sustituir una conversación en persona?

**3.8** **Las siguientes frases y expresiones son fórmulas que usamos habitualmente cuando hablamos por teléfono. Clasifícalas en el cuadro según su función dentro de la conversación.**

| Saludar | Despedirse | Contestar al teléfono | Preguntar por alguien | Preguntar por la identidad de la persona que llama |
|---------|-----------|----------------------|----------------------|---------------------------------------------------|
|         |           |                      |                      |                                                   |

- Nos vemos el jueves.
- Hola.
- Buenos días.
- Bueno, te dejo…
- ¿Bueno?*

- Pues eso es todo. Muchas gracias.
- ¿Está Javier?
- Buenas tardes, ¿podría hablar con la Sra. Rodríguez?
- ¿Sí?

- Hasta luego/el martes.
- ¿Se encuentra Marga?
- ¿De parte de quién?
- ¿Quién lo llama?

| **Argentina:** *¿Aló?* | **España:** *¿Dígame?* |
|------------------------|------------------------|

**3.9** 🎧 6 **Ordena las siguientes frases de una conversación telefónica. Luego, escucha y comprueba.**

**a.** ☐ No, no está. Todavía no llega. Seguro que está aún en la oficina, ¿le digo algo?

**b.** ☐ Pues yo, ahora, estoy mucho más ocupada. ¡Ah!, claro, no lo sabes, pero ya estoy trabajando desde la casa y la verdad es que es más relajado. Me encanta.

**c.** ① ¿Bueno?

**d.** ☐ Que es muy mala onda y que me llame alguna vez, que soy su hermana.

**e.** ☐ OK. Oye, ¿vienes el sábado a comer?

**f.** ☐ No, no, vengan ustedes a la casa, que tengo una sorpresa…

**g.** ☐ ¡Uy!, ¡qué misterios! De acuerdo, nos vemos el sábado.

**h.** ☐ ¡Hola!, soy Nuria.

**i.** ☐ Bien, bien. En la loquera…, ya sabes…, como siempre. ¿Y tú?, ¿qué tal?

**j.** ☐ ¡Qué bueno! Oye, ¿está Javier?

**k.** ☐ ¡Qué milagro!, Nuria, ¿cómo estás?

# B. AMPLIACIÓN DE VOCABULARIO

## LAS TIENDAS

**3.10** **¿Dónde puedes comprar estas cosas? Relaciona las tiendas con los productos.**

1. tienda de deportes
2. frutería
3. librería
4. papelería
5. floristería
6. pastelería
7. supermercado
8. panadería
9. centro comercial
10. tienda de ropa
11. quiosco
12. zapatería
13. carnicería
14. perfumería
15. farmacia

a. producto de limpieza
b. pasta de dientes
c. cámara de fotos
d. zapatillas de deporte
e. chuleta de cerdo
f. periódicos
g. plumas
h. cuadernos
i. medicamentos
j. pan
k. revistas
l. zapatos
m. libros
n. dulces
ñ. falda
o. flores
p. perfume
q. conjunto deportivo
r. manzanas
s. chamarra

## EL CELULAR

**3.11** **Relaciona las definiciones con las palabras relacionadas con el celular*.**

1. Una llamada que no te responden es una…
2. Cuando no tienes dinero en la cuenta del celular, no tienes…
3. A veces el celular no puede funcionar porque no tiene…
4. Otras veces, no hay red, y decimos que no tenemos…

a. saldo
b. cobertura
c. batería
d. llamada perdida

*España: el móvil

**3.12** **Marca si estas frases corresponden a un diálogo por teléfono fijo o un celular.**

| | Fijo | Celular |
|---|---|---|
| a. ¡Hola! ¿Dónde estás? | ☐ | ☐ |
| b. ¿Está María? | ☐ | ☐ |
| c. Espera, que me estoy quedando sin batería. | ☐ | ☐ |
| d. Llámame tú que tengo poco saldo. | ☐ | ☐ |
| e. ¿De parte de quién? | ☐ | ☐ |
| f. Tengo dos llamadas perdidas de Pepe. | ☐ | ☐ |

## 1. LOS VERBOS *SER* Y *ESTAR* (Textbook p. 99)

**3.13** Lee de nuevo la conversación telefónica de la actividad 3.9 y subraya todos los verbos *ser* y *estar* del texto. Después, completa con esos ejemplos los usos de *ser* y *estar*.

**SER**

- Identificar:
  - *Soy Nuria.*
  - *(a)* ..................................................................
- Decir la nacionalidad:
  - *Es colombiano.*
- Decir la profesión:
  - *Somos médicos.*
- Hablar de características inherentes a una cosa, lugar o persona:
  - *El cielo es azul.*
  - *Buenos Aires es grande.*
  - *Mi amiga es alta.*
- Valorar un hecho, una cosa o a una persona:
  - *Trabajar en casa es más relajado.*
  - *(b)* ..................................................................
  - *(c)* ..................................................................
- Decir la hora:
  - *Son las diez de la mañana.*
- Marcar una fracción o periodo de tiempo:
  - *Es lunes.*          *– Es primavera.*
- Referirse a dónde o cuándo se celebra un acontecimiento o suceso:
  - *La fiesta es en mi casa.*

**ESTAR**

- Ubicar o localizar cosas, lugares y a personas:
  - *(d)* ..................................................................
  - *(e)* ..................................................................
- Hablar del estado físico y de ánimo:
  - *Está deprimido.*
  - *(f)* ..................................................................
  - *(g)* ..................................................................
- Marcar el resultado de una acción o el fin de un proceso:
  - *La puerta está abierta.*
  - *Está muerto.*
- Con gerundio, marca una acción en desarrollo:
  - *Marta está durmiendo.*
  - *(h)* ..................................................................
- Precede a **bien** y **mal**:
  - *La carta está bien.*
  - *Las tareas están mal.*
- Con la preposición **de** indica un trabajo temporal:
  - *Está de mesero.*
- En primera persona de plural se usa para situarnos en el tiempo:
  - *Estamos a 3 de mayo.*
  - *Estamos en otoño.*

**3.14** Señala las frases que son correctas y corrige las incorrectas.

La casa está muy grande y hermosa. ➡ Mi hermano está de mecánico en un garaje. ➡ Hoy está miércoles. ➡ Las tareas son mal. ➡ La computadora es útil.

⬇

Carmen es muy contenta. ⬅ ¿Puedes encender la luz? Está de noche. ⬅ El concurso es en la televisión. ⬅ Las cartas están en sus sobres. ⬅ La pluma es encima de la mesa.

⬇

Rafa es enojado conmigo. ➡ Lourdes es en Chile. ➡ ¿De dónde eres? ➡ ¿Dónde eres? ➡ El cajón es cerrado.

## C. GRAMÁTICA

### 2. ADJETIVOS CON *SER* Y *ESTAR* (Textbook pp. 100-101)

**3.15** **Coloca los adjetivos en su lugar y obtendrás la diferencia de significado con *ser* o *estar*.**

malo/a • cerrado/a • abierto/a • rico/a • listo/a • bueno/a

| SER | | ESTAR |
|---|---|---|
| Persona honesta / Cosa de calidad. | | Persona atractiva / Buen sabor. |
| Persona deshonesta / Cosa sin calidad. | | Persona enferma / Mal sabor o mal estado. |
| Persona inteligente. | | Persona o cosa preparada para algo. |
| Persona con mucho dinero. | | Alimento con mucho sabor. |
| Persona introvertida. | | Estado de un objeto o lugar. |
| Persona extrovertida. | | Estado de un objeto o lugar. |

**3.16** **Elige el verbo correcto.**

**a.** La puerta **es/está** abierta, supongo que podemos entrar.

**b.** Pepe **es/está** muy abierto, habla con cualquiera.

**c.** El restaurante **es/está** cerrado, abre a las cinco.

**d.** Este café **es/está** muy rico.

**e.** Solo tengo que maquillarme y **es/estoy** lista para salir.

**f.** Jaime ayuda a su mamá, **es/está** bueno.

**g.** Este vino es de gran calidad, **es/está** bueno.

**h.** Paco no tiene amigos porque **es/está** malo.

**3.17** **Completa con los verbos *ser* o *estar*.**

DE: lucianael@pmail.com   PARA: enriqueco@pmail.com   ASUNTO: **No voy a la fiesta.**

Querido Enrique:

No voy a poder ir a la fiesta porque (a) ............... muy enferma. Tengo un resfriado increíble.

Si (b) ............... mejor el próximo fin de semana, prometo ir a visitarte. Mientras tanto, me paso el día en la cama viendo DVD y bebiendo leche con miel. (c) ............... aburridísima de tanto reposo. Hoy en la tarde vi una película titulada *Irreversible*. No te la recomiendo; (d) ............... muy mala. Sin embargo, esta semana también vi *Moulin Rouge* y (e) ............... muy bien, me divertí mucho viéndola. Una cosa más. Hoy platiqué con Steven, que ahora (f) ............... en Guanajuato estudiando español. Dice que la escuela (g) ............... muy buena y que la ciudad le gusta pero que él (h) ............... muy mal porque nos extraña muchísimo. Y que, además, (i) ............... muy preocupado con el idioma porque los guanajuatenses hablan demasiado rápido y él no entiende nada. Ya sabes que, además, Steven (j) ............... un poco cerrado.

Bueno, espero poder visitarte pronto.

Un beso muy grande,

Lucía.

### 3. *ESTAR* + GERUNDIO (Textbook pp. 101-102)

- *Estar* + **gerundio** (*present participle*) se usa para hablar del desarrollo de una acción:
  – Esta semana **estoy estudiando** mucho.

- El **gerundio regular** se forma:

| –AR | –ER | –IR |
|---|---|---|
| trabaj**ar** ➡ trabaj**ando** | corr**er** ➡ corr**iendo** | escrib**ir** ➡ escrib**iendo** |

- Algunos **gerundios irregulares**:

**1.** Los verbos que tienen una vocal antes de la desinencia (*leer*, *oír*) forman el gerundio con **–yendo**:
– *leer* ➡ le**yendo**
– *oír* ➡ o**yendo**
– *construir* ➡ constru**yendo**

**2.** Los verbos que en presente de indicativo tienen cambio vocálico (*e>i/ie*), en gerundio cambian la **e** en **i**:
– *pedir* ➡ p**i**diendo
– *preferir* ➡ pref**i**riendo
– *despedir* ➡ desp**i**diendo

**3.** Los verbos que en presente de indicativo tienen cambio vocálico (*o>ue*), en gerundio cambian la **o** en **u**:
– *poder* ➡ p**u**diendo
– *morir* ➡ m**u**riendo
– *dormir* ➡ d**u**rmiendo

**3.18** **Completa las frases con *estar* + gerundio.**

a. Últimamente no ..................... (dormir) muy bien, creo que estoy nervioso porque se acercan los exámenes.

b. Ven, siéntate con nosotros, ..................... (ver) un programa muy divertido.

c. Este año ..................... (ir, yo) a clases de francés y de piano.

d. Este trimestre las clases de Física ..................... (ser) terribles, me gustaron más el trimestre pasado.

e. Prende tú el teléfono, por favor, yo no puedo, ..................... (cocinar, yo).

f. Me gusta Luis, es un muchacho muy simpático y, además, siempre ..................... (sonreír, él).

g. ¡Toma mejor la bolsa! ¿No ves que ..................... (caerse) todas las papas?

h. ¿Me sujetas el metro? Es que ..................... (medir, yo) el ropero por si cabe en la otra habitación.

**3.19** **Estas personas están disfrutando de sus vacaciones. Completa las frases y relaciónalas con su imagen correspondiente.**

a. ..................... (leer) un libro.

b. ..................... (dormir) la siesta.

c. ..................... (ir) a los servicios.

d. ..................... (vestirse).

e. ..................... (construir) un castillo.

f. ..................... (tomar) una foto.

g. ..................... (comerse) un helado.

h. ..................... (bañarse).

i. ..................... (tomar) el sol.

j. ..................... (salir) del agua.

## 4. IMPERATIVO AFIRMATIVO (Textbook pp. 102-103)

**3.20** 🎧 **7** **La página web *www.saltamontes.com* propone unos consejos para viajar a Sudamérica. Escucha y relaciona los mensajes con los consejos.**

WWW. SALTAMONTES.COM

LA AVENTURA LLAMADA SUDAMÉRICA, TODO LO QUE BUSCAS Y MÁS

Muchos turistas viajan a Sudamérica desde Argentina hasta Colombia, descubriendo los Andes, la belleza de sus playas, la alegría de su gente, su música y gastronomía, sus costumbres y lo mejor de su folklore y forma de vida. El idioma más hablado es el español, seguido del portugués, muy poco del inglés y, por supuesto, de las lenguas indígenas. No lo pienses más, presta atención a los siguientes consejos y lánzate a la aventura sudamericana.

Adaptado de http://www.saltamontes.es/10-tips-para-recorrer-sudamerica

**Mensajes**

**a. Planea** tu ruta. ☐

**b. Piensa** en cuánto tiempo necesitas para el viaje. ☐

**c. Haz** el presupuesto del dinero que vas a gastar. ☐

**d. Calcula** el dinero en dólares. ☐

**e. Vacúnate.** ☐

**Mensajes**

**f. Crea** tu propio blog. ☐

**g. Controla** tus visados. ☐

**h. Viaja** ligero de equipaje. ☐

**i. Toma** precauciones para viajar seguro. ☐

**j. Haz** amigos durante el viaje. ☐

• Las palabras en negrita están en **imperativo** (*informal commands*). Este modo verbal lo utilizamos en español, entre otros usos, para dar instrucciones, llamar la atención o dar órdenes y consejos:

| Formas regulares de imperativo afirmativo | | |
|---|---|---|
| COMPR**AR** | COM**ER** | SUB**IR** |
| compr**a** | com**e** | sub**e** |

• Los verbos que tienen una **irregularidad vocálica** en presente de indicativo mantienen el cambio vocálico en imperativo: *ci**e**rra, p**i**de, c**ue**nta, emp**ie**za, p**ie**nsa, s**i**rve.*

• En el **imperativo afirmativo** los pronombres siempre van después del verbo y forman una sola palabra: *siénta**te**, sígue**me**, vacúna**te**.*

• **Formas irregulares** del imperativo afirmativo:

| OÍR | HACER | SALIR | PONER | VENIR | DECIR | TENER | IR |
|---|---|---|---|---|---|---|---|
| Oye | Haz | Sal | Pon | Ven | Di | Ten | Ve |

---

**EXPANSIÓN GRAMATICAL: USOS DEL IMPERATIVO**

- En español, a menudo, usamos el imperativo cuando ofrecemos o permitimos algo a otra persona. Fíjate:

  ➤ *¿Me prestas tu libro?*　　　➤ *¿Puedo entrar?*
  ▷ *Sí, claro, **toma**.*　　　　　▷ *Sí, adelante, **entra**.*

- En algunos lugares de Latinoamérica, el pronombre personal de segunda persona es *vos* y tiene unas formas propias de imperativo:

  – **Salí** *vos.*　　　– **Mirá** *vos.*　　　– **Bebé** *vos.*

---

**3.21** **Completa las frases usando la forma correcta del imperativo.**

**a.** Juan, (abrir) .......................... la ventana que hace mucho calor.

**b.** (Sentarse) .......................... que ahora platicamos.

**c.** (Escuchar) .......................... qué ruido más extraño.

**d.** (Descansar) .......................... y mañana estarás mejor.

**e.** (Tomar) .......................... el bus n.º 12 hasta la Plaza Real,
(bajar) .......................... y a cinco minutos está la cafetería La Luna,
(esperar) .......................... allá.

**f.** ¡(Mirar) .......................... qué bonito!

**g.** (Tomar) .......................... un poco más de pastel.

**h.** (Leer) .......................... este libro si puedes, es buenísimo.

**i.** (Decir) .......................... la verdad, es lo mejor.

**3.22** **Señala las funciones que tiene el imperativo en las frases anteriores.**

- Para dar instrucciones: ................................................................
- Para dar órdenes: a, ....................................................................
- Para dar consejos o hacer sugerencias: .....................................
- Para llamar la atención: ..............................................................
- Para invitar u ofrecer: .................................................................

**3.23** **Escribe un texto con consejos para viajar a tu país. ¿Son diferentes a los que leíste antes?**

.................................................................................................................
.................................................................................................................
.................................................................................................................
.................................................................................................................
.................................................................................................................

## D. DESTREZAS

## LECTURA

### ■ Antes de leer

**3.24** **Vas a leer unos anuncios de libros. Observa las imágenes y predice el contenido de los textos.**

#### ESTRATEGIA DE LECTURA: OBSERVAR LAS IMÁGENES

Cuando te dispones a leer un texto que lleva imágenes, es importante observarlas detenidamente ya que te ayudarán a predecir el contenido del mismo. Con ellas puedes activar el vocabulario que puede aparecer, facilitándote su lectura.

### ■ Leer

**3.25** **Lee los textos y comprueba tus hipótesis.**

**1. ¡Viaja ya!**

Millones de ejemplares vendidos de esta guía práctica demuestra que puedes viajar con poco dinero.
Precio: 12 dólares.

**2. El secreto de los árboles del bosque.**

El cómic que entusiasmará a los niños este verano.
Contiene CD con canciones.
Precio: 15 dólares.

**3. Licuados y jugos naturales.**

Preparará los mejores jugos, batidos y licuados de una manera fácil y divertida. Con DVD.
Precio: 29 dólares.

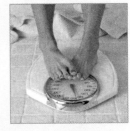

**4. La dieta perfecta.**

Consigue perder unos kilos antes del verano. Éxito asegurado sin el menor esfuerzo.
Precio: 16,15 dólares.

**5. Libro electrónico (*E-book*).**

Oferta de lanzamiento de este cómodo y ligero libro electrónico. Para que leer no te pese.
Precio de promoción: 100 dólares.

**6. La fotografía de la naturaleza.**

Una guía fotográfica imprescindible para conocer los paisajes naturales más impresionantes de la Tierra. El libro que siempre quiso tener.
Dos tomos.
Precio: 150 dólares.

**7. Ortografía de la Lengua Española.**

Libro de consulta imprescindible. Obra didáctica de fácil manejo. Para que no dudes más con tu ortografía.
Precio: 14 dólares.

**8. Turismo exótico.**

Tailandia. Contiene toda la información práctica que necesita conocer del país y, además, todos los detalles sobre su historia, gastronomía, cultura y arte.
Precio: 32 dólares.

■ **Después de leer**

**3.26** **Relaciona los anuncios (1-8) con los textos (a-f). Hay dos anuncios que no debes seleccionar.**

a. ☐ Quiero un libro para mi sobrino, un cómic con dibujos divertidos.

b. ☐ Mi esposo engordó unos kilos el pasado invierno, le voy a comprar un libro con consejos, a ver si adelgaza.

c. ☐ Me encanta leer en el metro, pero me pesan mucho los libros en el bolso, no sé qué hacer.

d. ☐ Para este verano quiero comprarme un libro con alternativas a las bebidas con gas.

e. ☐ Este año nos vamos a un país asiático. Quiero hacer este viaje desde hace años y así celebramos nuestro aniversario de boda. No me importa el precio.

f. ☐ Necesito un libro que explique las normas para escribir correctamente. Tengo muchas dudas y mis hijos también lo necesitan como libro de consulta.

## ESCRITURA

■ **Antes de escribir**

**3.27** **Vas a escribir un texto publicitario. ¿A quién va dirigido?¿Qué estilo debes utilizar? ¿Cuál va a ser su estructura?**

> **ESTRATEGIA DE ESCRITURA: ELEGIR EL ESTILO DEL TEXTO**
>
> Piensa a quién va dirigido tu mensaje para decidir si el texto será muy formal o poco formal. Pero recuerda que informal no significa incorrecto.

■ **Escribir**

**3.28** **Debes hacer un cartel publicitario sobre este producto siguiendo esta estructura:**

- **un titular (en letra mayúscula);**
- **un subtítulo (en minúscula);**
- **un breve texto.**

El texto debe:

- contener 5 verbos en imperativo (mínimo) para seducir al cliente;
- explicar las razones por las que debe adquirir este innovador celular;
- adjuntar el precio de salida de su venta (oferta económica);
- indicar dónde pueden conseguir el producto.

Número de palabras: entre 30 y 40.

■ **Después de escribir**

**3.29** **Revisa los siguientes aspectos de tu cartel:**

- Ortografía: dos signos de interrogación y exclamación (¿?, ¡!).
- Precisión gramatical: la estructura de las oraciones.
- Coherencia de ideas y organización de la información.

## D. DESTREZAS

## DISCURSO

### ESTRATEGIA DE PRESENTACIÓN ORAL: ENTENDER LAS IMÁGENES

En la interacción oral basada en imágenes debes observar atentamente las situaciones. No necesitas describir las imágenes, pero debes observar dónde están las personas, cómo están, qué llevan o qué tienen alrededor para ayudarte a comprender la situación.

**3.30** **Prepara dos breves diálogos con tu profesor. Observa atentamente las imágenes y piensa en la situación. En el primer caso debes responder a la pregunta de tu profesor. En el segundo caso debes hacer tú la pregunta.**

**El profesor pregunta.**
*¿Qué puede estar diciendo esta persona por teléfono?*

→ **Tú respondes.**

**El profesor responde.**
*No te preocupes, cariño, yo recojo a los niños de la escuela. Toma el bus de las diez y nos vemos en casa.*

← **Tú preguntas.**

## FONÉTICA Y ORTOGRAFÍA

### ■ Las palabras esdrújulas

- Las palabras esdrújulas y sobreesdrújulas se acentúan siempre: **brú**jula, **lám**para, **mé**dico, **quí**tatelo, **dé**bilmente, **fá**cilmente.

- Los adverbios que terminan en **–mente** conservan la tilde del adjetivo del que derivan. Por ejemplo: *rápidamente* (de *rápido*).

**3.31** 🎧 **8** **Escucha con atención y pon la tilde en el lugar correcto. Justifica tu respuesta.**

| | | | |
|---|---|---|---|
| telefono | fantastico | informatica | ultimo |
| pagina | sabado | medico | unico |

**3.32** **Pon tilde en las siguientes palabras y rodea las palabras esdrújulas y sobreesdrújulas.**

| | | | | |
|---|---|---|---|---|
| digaselo | vehiculo | gramatica | volcan | sarten |
| simpatico | catedral | azucar | acercamelo | caravana |
| rubi | quitaselo | Cantabrico | Lopez | facilmente |

45

# E. CULTURA

**3.33** Una estudiante europea empieza hoy un curso de español contigo. Describe el barrio donde vives, qué tiendas hay y dónde puede comprar las cosas necesarias para el primer día. Prepara un plano para Alice.

**3.34** Alice sale a comprar los productos de las fotos. ¿Dónde los va a comprar? Une con una flecha los productos y las tiendas.

**1.** Tienda de abarrotes    **2.** Juguería    **3.** Tienda de música/ Audiotienda    **4.** Gasolinera/ Gasolinería    **5.** Farmacia    **6.** Mercado

**a.** Gasolina

**b.** CD de música

**c.** Aspirinas

**d.** Jugos y refrescos

**e.** Servilletas de papel

**f.** Carne y fruta

**3.35** 🎧 **9** Ahora vas a escuchar a Alice platicando con su amiga Elena por teléfono y contándole sus planes para salir de compras por la ciudad. Escucha y comprueba si tus respuestas del ejercicio anterior son correctas.

**3.36** Alice y Jonathan, su compañero de clase de Estados Unidos, van a preparar sus compras de Navidad por Internet. Con la ayuda de las tablas, ayúdalos a elegir modelos, tallas y números, y completa el diálogo.

**Alice:** Mi hermana en Italia tiene la talla 36 de pantalones. ¿Sabes a qué talla corresponde acá en México?

**Jonathan:** Sí, es la talla (a) .................. en mi país, y en México es la talla (b) ..................

**Alice:** Mi padre usa los zapatos del número 41.

**Jonathan:** Pues entonces, acá tienes que comprar un (c) ..................

**Alice:** Y, ¿tú qué vas a comprar para tu familia?

**Jonathan:** Creo que un vestido para mi hermana que tiene la talla 8/10 en los Estados Unidos y unos zapatos para mi madre que usa el número 6.5.

**Alice:** Pues, mira, acá en México la talla del vestido es la (d) .................. y la de zapatos es la (e) ..................

**Jonathan:** Para mi padre… unos pantalones de la talla (f) .................., en Estados Unidos usa la 40.

# E. CULTURA

| ROPA **MUJER** | | | |
|---|---|---|---|
| Tallas | | | |
| México | Estándar | USA | Europa |
| 0 | XS | 0 | 30 |
| 3 | XS | 2 | 32 |
| 5 | S | 4/6 | 34/36 |
| 7 | M | 8/10 | 38/40 |
| 9 | L | 12/14 | 42/44 |
| 11 | XL | 16 | 46 |

| ROPA **HOMBRE** | | | |
|---|---|---|---|
| Tallas | | | |
| México | Estándar | USA | Europa |
| 7 | S | 28 | 38 |
| 7 | S | 30 | 40 |
| 9 | M | 32 | 42 |
| 9 | M | 34 | 44 |
| 11 | L | 36 | 46 |
| 13 | L | 38 | 48 |
| 15 | XL | 40 | 50 |

| ZAPATOS | | |
|---|---|---|
| Tallas | | |
| México | Estándar | USA |
| 5.5 | 6.5 | 39 |
| 6 | 7.0 | 40 |
| 6.5 | 8.0 | 41 |
| 7 | 8.5 | 42 |
| 7.5 | 9.5 | 43 |
| 8 | 10 | 44 |

**3.37** **Pregunta a tus compañeros sus tallas de ropa y zapatos en sus países. Después, completa esta tabla.**

| | | Talla de ropa | | | Talla de zapatos | | |
|---|---|---|---|---|---|---|---|
| Mi compañero | Nacionalidad | En su país | En México | En Europa | En su país | En México | En Europa |
| **1.** | | | | | | | |
| **2.** | | | | | | | |
| **3.** | | | | | | | |

**3.38** **M.ª Elisa es una profesora de español venezolana que está explicando a sus alumnos los tipos de tiendas que hay en su país. Completa los espacios con las palabras que aparecen en el recuadro. Puedes utilizar tu diccionario.**

**autoperiquitos • quincalla • centros comerciales • droguería • polleras**

**a.** La .............. es una tienda donde puedes encontrar de todo, generalmente objetos de poco valor y de metal.

**b.** En la ................., además de perfumes, también venden productos de parafarmacia y productos de limpieza.

**c.** Los .................... son tiendas donde venden recambios y accesorios para los carros.

**d.** En las .................... compramos los pollos y otras aves de corral vivas.

**e.** Los .................... son lugares de compras y de ocio.

**3.39** **¿Dónde prefieres comprar: en una tienda pequeña de barrio o en un centro comercial? Prepara una lista de ventajas y otra de inconvenientes en cada una de las tiendas.**

| **A.** Centro comercial | | **B.** Tienda de barrio | |
|---|---|---|---|
| Ventajas | Inconvenientes | Ventajas | Inconvenientes |
| | | | |

# ERAN OTROS TIEMPOS

## A. VOCABULARIO

### LAS CARACTERÍSTICAS (Textbook p. 122)

**4.1** **Usa tu imaginación y contesta.**

| ¿Qué es para ti... |

**a.** ...un deporte peligroso?

**b.** ...una tarde aburrida?

**c.** ...un monumento impresionante?

**d.** ...un objeto práctico?

**e.** ...una película entretenida?

**f.** ...un hábito saludable?

**g.** ...una actividad relajante?

**h.** ...un momento emocionante?

**4.2** **¿Cómo calificarías estas situaciones? Usa los adjetivos anteriores u otros que conozcas. Comprueba con tu compañero si tiene las mismas respuestas.**

Adjetivos opuestos

**a.** Un día sin hablar una sola palabra. ....................

**b.** Un paseo en helicóptero sobre Nueva York. ....................

**c.** Tirarse en paracaídas desde un avión. ....................

**d.** Correr todos los días 20 minutos. ....................

**e.** Llevar siempre tu tarjeta de crédito en el bolsillo. ....................

**f.** Dormir la siesta en una hamaca junto al mar. ....................

**g.** Caminar solo a las cuatro de la madrugada en una ciudad desconocida. ....................

**h.** Pelar cinco kilos de papas. ....................

**4.3** **Aquí aparecen los adjetivos opuestos a los ocho estudiados en la actividad 4.2. ¿Puedes identificarlos y colocarlos en la columna correspondiente?**

seguro   nublado   trabajador   divertido   ordinario

egoísta   inútil   amable   monótono   nocivo

inseguro   estresante   simpático   puntual   indiferente

# A. VOCABULARIO

## LAS PERSONALIDADES (Textbook pp. 122-123)

**4.4** Relaciona los siguientes adjetivos con sus contrarios.

| | |
|---|---|
| **1.** estresado/a | **a.** trabajador/a |
| **2.** impuntual | **b.** cariñoso/a |
| **3.** frío/a | **c.** tranquilo/a |
| **4.** silencioso/a | **d.** divertido/a |
| **5.** perezoso/a | **e.** antipático/a |
| **6.** bromista | **f.** puntual |
| **7.** soso/a | **g.** callado/a |
| **8.** hablador/a | **h.** ruidoso/a |
| **9.** simpático/a | **i.** tímido/a |
| **10.** abierto/a | **j.** aburrido/a |

**4.5** Completa el texto donde Ana describe la personalidad de algunos miembros de su familia. Las definiciones te ayudarán a encontrar el adjetivo correcto.

•••▶ Mi hermana Carmen es muy (a) ..................... y guapa. Mi hermano Antonio es muy (b) ..................... y (c) ..................... Mi primo Francisco es muy (d) ..................... Mi prima Luisa es (e) ..................... y (f) ....................., pero Soledad es (g) ..................... y un poquito (h) ..................... A mí quien más me gusta es Elvira, que es (i) ..................... y tiene un perro muy (j) .....................

### Definiciones

| | |
|---|---|
| **a.** Es muy agradable. | **f.** Habla mucho. |
| **b.** Trabaja mucho. | **g.** Le da vergüenza hablar en público. |
| **c.** Tiene un aspecto que no hace reír. | **h.** No tiene ganas de hacer nada. |
| **d.** No tiene gracia. | **i.** Hace reír a los demás. |
| **e.** Llega a la hora. | **j.** Nunca está nervioso. |

**4.6** ¿Cómo definirías a estos personajes? Utiliza al menos dos de los adjetivos estudiados.

**a.** .....................

**b.** .....................

**c.** .....................

**d.** .....................

## EXPRESAR UNA OPINIÓN (Textbook p. 118)

**4.7** **Relaciona para formar minidiálogos con sentido.**

1. ¿Crees que el español es fácil de aprender?
2. ¿Qué piensas sobre los libros de JK Rowling?
3. ¿Qué te parece la nueva profesora?
4. ¿Cuál es tu opinión sobre el señor Benítez?
5. Para mí, el queso español es fantástico.
6. Pienso que Inglaterra es un país bonito.

a. Opino que son muy buenos.
b. Sí, es verdad.
c. Para mí, no. Prefiero el francés.
d. En mi opinión, es un buen director.
e. Me parece que es muy inteligente.
f. Creo que sí.

**4.8** **Escribe una opinión sobre estos temas.**

a. Matemáticas es la materia más difícil de este año. ➜ ...........................................................................
b. El mejor deporte es el basquetbol. ➜ ...........................................................................................................
c. ¿Qué opinas sobre la última película que viste en el cine? ➜ ..........................................................

**4.9** **Escribe las preguntas adecuadas para esta entrevista.**

➤ (a) ...........................................................................................................................................

▷ Creo que las redes sociales son un buen sistema para mantener el contacto con los amigos y familiares que no vemos regularmente.

➤ (b)...........................................................................................................................................

▷ Para mí, la mejor red social es Facebook, sin duda.

➤ (c)...........................................................................................................................................

▷ ¿Netlog? No sé, no tengo ni idea. ¿Qué es eso?

➤ Es una página web de blogs personales de fotografías, videos, etc. Por otro lado, (d) ...........................................

▷ A mí me parece que el uso de Internet en las escuelas es muy positivo. Antes dedicábamos mucho tiempo a buscar información, pero ahora de una forma muy rápida, puedes encontrar toda la información que necesitas. Pero claro, hay que tener cuidado, no todo lo que aparece en Internet es cierto.

➤ (e) .........................................................................................................................................

▷ Sobre eso no te puedo decir. Yo no tengo hijos, así que no puedo opinar sobre si es mejor o no tener a tus hijos en la lista de contactos de Facebook. Creo que depende de la edad de los hijos.

**4.10** **Expresa tu opinión sobre los temas anteriores.**

a. ...........................................................................................................................................
b. ...........................................................................................................................................
c. ...........................................................................................................................................
d. ...........................................................................................................................................
e. ...........................................................................................................................................

# A. VOCABULARIO

**4.11** **Completa el texto con las siguientes palabras.**

> acuerdo • verdad • creen • parece • parte • creo • opinas • supuesto • para • opinión

- ¿Ustedes (a) .................... que los jóvenes pasan demasiado tiempo delante de la computadora?
- Sí, yo (b) .................... que sí.
- Yo no, bueno, es (c) .................... que pasamos mucho tiempo en Internet, pero a mí me (d) .................... que eso no es malo. ¿Tú qué (e) ....................?
- En (f) .................... tienes razón. En mi (g) .................... no es ni bueno ni malo. Simplemente es una forma de ocio más, pero (h) .................... mí es mejor salir y quedar con los amigos en persona. ¿No están de (i) .................... conmigo?
- ¡Por (j) ....................! Mucho mejor.

**4.12** **Completa los siguientes diálogos.**

> ■ Diálogo 1:
> ➤ *No sé (a) .................... vestido ponerme para la fiesta de Juan. Dudo entre este y este.*
> ▷ *A mí me gusta más el verde.*
> ➤ *¿Sí? No sé, antes me gustaba mucho pero ahora no sé. ¿No te (b) .................... un poco anticuado? ¡Parece un vestido de abuela!*
> ▷ *¡Qué (c) ....................! Los vestidos así están muy de moda ahora.*
> ➤ *Sí tú (d) ....................*

> ■ Diálogo 2:
> ➤ *¿Te gustó la película de ayer?*
> ▷ *¡Para (e) ....................! ¡Qué película más tonta! Es la típica película para adolescentes. ¿No me digas que a ti sí te gustó?*
> ➤ *No, no, (f) .................... que no...*

> ■ Diálogo 3:
> ➤ *¿ (g) .................... sobre el nuevo libro de José Antonio Cotrina? Yo creo que es el mejor escritor de literatura fantástica, ¿tú no?*
> ▷ *Estoy (h) .................... de acuerdo (i) ..................... Para (j) ...................., también es el mejor. ¿Tú qué opinas, Sara?*
> ➤ *Pues... mmm... no (k) .................... puedo decir. Nunca he leído ningún libro de él.*

## LAS RELACIONES SOCIALES

**4.13** **Observa las siguientes presentaciones y marca de qué tipo es.**

| Presentación | Formal | Informal |
|---|---|---|
| **a.** Mire, señor Arce, le presento a la señora Redouane, nuestra profesora de francés. | ☐ | ☐ |
| **b.** Luis, mira, te presento a Carolina Flores, una compañera de trabajo. | ☐ | ☐ |
| **c.** ¿Qué tal, Jorge? Mira, te voy a presentar a un chavo buenísima onda. Luis… Jorge. | ☐ | ☐ |
| **d.** Mira, Fernando, esta chava tan simpática es Sofía, mi compañera de apartamento. | ☐ | ☐ |

**4.14** **Observa detenidamente las imágenes y relaciónalas con las presentaciones anteriores. Ten en cuenta el lenguaje corporal y los protagonistas.**

**a.**

Encantada.

Mucho gusto.

**b.**

Mucho gusto, señora Redouane.

El gusto es mío.

**c.**

¿Qué hay? ¿Cómo estás?

Hola, ¿qué tal?

**d.**

Hola.

Hola, ¿qué tal?

**4.15** 🎧 **10** **Escucha y comprueba. Luego, completa el cuadro.**

|  | Formal | Informal |
|---|---|---|
| Presentación | | |
| Respuesta | Encantado/a. | Hola, ¿qué tal?<br>¿Qué hay? |

## 1. EL IMPERFECTO DE LOS VERBOS REGULARES (Textbook pp. 124-125)

|  | ESTAR | TENER | SALIR |
|---|---|---|---|
| Yo | est**aba** | ten**ía** | sal**ía** |
| Tú | est**abas** | ten**ías** | sal**ías** |
| Él/ella/usted | est**aba** | ten**ía** | sal**ía** |
| Nosotros/as | est**ábamos** | ten**íamos** | sal**íamos** |
| Vosotros/as | est**abais** | ten**íais** | sal**íais** |
| Ellos/ellas/ustedes | est**aban** | ten**ían** | sal**ían** |

- El imperfecto (*imperfect*) es un tiempo pasado que presenta la acción como un proceso sin indicar su final, en contraste con el pretérito, que presenta las acciones completamente terminadas.

**4.16** **Completa las oraciones según la información de la tabla anterior.**

- En el imperfecto, la primera y tercera persona del singular son **iguales / diferentes**.
- La **primera / segunda** conjugación termina siempre en –*aba* y la **segunda y tercera / primera y tercera** conjugación en –*ía*.
- En la primera conjugación solo la persona **nosotros / vosotros** va acentuada. Todas las personas de la segunda y tercera conjugación **llevan tilde / no llevan tilde**.
- El imperfecto sirve para expresar acciones **habituales / no habituales** en el pasado, **presentar / describir** personas, lugares, circunstancias o cosas en el pasado y expresar acciones **no simultáneas / simultáneas** en el pasado.

**4.17** **Completa el cuadro.**

|  | HABLAR | COMER | VIVIR |
|---|---|---|---|
| Yo |  | comía |  |
| Tú |  |  | vivías |
| Él/ella/usted |  |  | vivía |
| Nosotros/as | hablábamos | comíamos |  |
| Vosotros/as | hablabais | comíais | vivíais |
| Ellos/ellas/ustedes | hablaban |  |  |

**4.18** **Completa las siguientes frases con el imperfecto.**

a. De pequeña, mi hermana siempre ........................ (estar) cantando.

b. Elena y Carlos ........................ (llevar) la comida y nosotros ........................ (tener) que comprar la bebida.

c. Javier, ¿dónde ........................ (comer) de niño? ¿En casa o en la escuela?

d. De pequeño ........................ (hablar, yo) francés porque ........................ (vivir) en Canadá.

e. Mis padres ........................ (trabajar) en un restaurante mexicano. Ahora tienen una panadería.

f. Antes ustedes ........................ (escribir) cartas, ¿verdad?

g. De joven yo nunca ........................ (leer) novelas. Ahora me encantan.

## EXPANSIÓN GRAMATICAL: USOS DEL IMPERFECTO

- Expresa acciones habituales en el pasado o costumbres:
  - *Cuando yo **tenía** tu edad, no **podía** salir hasta muy tarde, **tenía** que estar a las diez en casa.*

- *Acostumbrar* + infinitivo también expresa acciones habituales en el pasado:
  - *Cuando éramos pequeños, mi papá **acostumbraba llevarnos** a la escuela en la mañana.*

- Describe en el pasado:
  - *Mi abuelo Marcos **era** un hombre fuerte, **tenía** muy buen carácter y **era** muy inteligente.*
  - *Sus ojos **eran** grises, y su pelo, canoso.*

- Presenta una acción en desarrollo en el pasado y no se sabe cuándo comienza o termina:
  - *Los comerciantes **daban** probadas de sus productos en el mercado.*

- Expresa dos acciones simultáneas en el pasado:
  - ***Siempre que venía** a vernos, nos **traía** un regalo.*

**4.19** **Señala en las siguientes frases qué uso del imperfecto se aplica.**

|  | Acción habitual | Acción simultánea | Descripción |
|---|---|---|---|
| **a.** De pequeño tenía el pelo muy claro. | ☐ | ☐ | ☐ |
| **b.** Cuando era adolescente, a mi hermano le encantaba jugar futbol. | ☐ | ☐ | ☐ |
| **c.** Los domingos, mientras mi padre dormía, mi madre leía sus novelas favoritas. | ☐ | ☐ | ☐ |
| **d.** En mis años de universidad, tenía que estudiar todos los días. | ☐ | ☐ | ☐ |
| **e.** Durante mi dieta, no podía comer carbohidratos. | ☐ | ☐ | ☐ |

**4.20** **Pon el verbo entre paréntesis en la forma correcta del imperfecto.**

1. Mis padres ........................... (acostumbrar) ir de vacaciones a países exóticos, ........................... (gustar, a ellos) mucho Asia y ........................... (interesar, a ellos) la cultura japonesa, pero dicen que ahora todo ha cambiado y hace tiempo que no salen de nuestro país.

2. Mi hermana, cuando ........................... (tener) cinco años, ........................... (recoger) insectos y los ........................... (llevar) a casa. Mi madre ........................... (ponerse) furiosa y casi siempre la ........................... (castigar), pero a mi hermana ........................... (dar, a ella) igual y ........................... (volver) a traer los bichos que ........................... (encontrar) por ahí.

3. Pamela ........................... (viajar) todos los veranos a Río; allí ........................... (conocer) a mucha gente y ........................... (salir) todas las noches, ........................... (pasarla) muy bien y ........................... (hablar) portugués perfectamente, pero hace unos años dejó de ir, no sé por qué.

## C. GRAMÁTICA

### 2. EXPRESIONES TEMPORALES USADAS CON EL IMPERFECTO (Textbook pp. 125-126)

- Expresan hábito: *Generalmente, habitualmente, normalmente.*
  *A veces, muchas veces, siempre, casi siempre, nunca, casi nunca, a menudo.*
  *Todos los días/los meses/los años.*
  *Por las mañanas/las tardes/las noches.*

- Evocan una época: *Antes, de pequeño, de joven, cuando…*

- Sirven para hablar de dos acciones simultáneas: *Mientras, cuando…*

**4.21** **Completa las frases con sus expresiones temporales correspondientes.**

1. De pequeño…
2. Cuando…
3. De joven…
4. Antes…
5. Entonces…

a. me gustaba montar en bici, ahora no.
b. mi vida era más tranquila.
c. iba con mis padres al circo.
d. acostumbraba ir a conciertos con mis compañeros de clase.
e. tenía 18 años, viajaba a Canadá frecuentemente.

**4.22** **La infancia es una etapa en la que se viven momentos muy intensos. Ponemos a prueba tu memoria y te invitamos a completar el siguiente ejercicio evocando los años de tu niñez.**

- Me sentía impaciente cuando .................................................................................
- Me sentía preocupado/a cuando ..............................................................................
  ...........................................................................................................................
- Tenía miedo cuando ..............................................................................................
- Me sentía feliz cuando ...........................................................................................
- Me sentía triste cuando ..........................................................................................
  ...........................................................................................................................

**4.23** **Observa la siguiente imagen y describe cómo crees que era la vida antes de su llegada y ahora.**

| Antes | Ahora |
| --- | --- |
| – No se podían hacer fotos con el celular. | – Se pueden hacer fotos. |

- Solo hay tres verbos irregulares en el imperfecto.

| | SER | IR | VER |
|---|---|---|---|
| Yo | era | iba | veía |
| Tú | eras | ibas | veías |
| Él/ella/usted | era | iba | veía |
| Nosotros/as | éramos | íbamos | veíamos |
| Vosotros/as | erais | ibais | veíais |
| Ellos/ellas/ustedes | eran | iban | veían |

- El verbo **haber**, en forma impersonal, se conjuga como **había**.

**4.24** 🎧 11 Escucha a varias personas que hablan de cómo Internet cambió sus vidas. Señala para qué usan Internet.

| | Chatear | Correo electrónico | Información cultural | Vacaciones |
|---|---|---|---|---|
| Llamada 1 | | | | |
| Llamada 2 | | | | |
| Llamada 3 | | | | |

**4.25** 🎧 11 Escucha de nuevo y di si las siguientes afirmaciones son verdaderas (V) o falsas (F).

V  F

a. María acostumbraba perder mucho tiempo consultando agencias de viajes antes de contratar sus vacaciones. ☐ ☐

b. María nunca hace la reservación de un hotel por Internet, pero mira sus características. ☐ ☐

c. A María le resulta sencillo escribir correos electrónicos. ☐ ☐

d. Pedro vive en un pueblo y el chat le sirve para conocer a muchachas. ☐ ☐

e. Pedro antes tenía mucho éxito con las muchachas. ☐ ☐

f. Rosa usa Internet para sus clases de Arte. ☐ ☐

g. Rosa organiza viajes para visitar museos. ☐ ☐

**4.26** Elige una época histórica con la que te sientas familiarizado y describe cómo era la vida en aquel periodo. Puedes utilizar Internet para obtener información.

# D. DESTREZAS

## LECTURA

### ■ Antes de leer

**4.27** **Vas a leer un texto sobre los juguetes. Antes, responde a esta pregunta. ¿Por qué crees que los niños de ahora prefieren juegos multimedia a juguetes tradicionales?**

**a.** Porque ya no hay tanto espacio abierto para jugar como antes.

**b.** Porque un juego en soporte multimedia cubre mejor su necesidad de divertirse.

### ■ Leer

> **ESTRATEGIA DE LECTURA: COMPRESIÓN GLOBAL**
>
> No te detengas buscando palabras que no entiendes. Trata de comprender el significado total del párrafo a través de las que sí conoces.

**4.28** **Lee el texto y comprueba tu respuesta.**

#### POR QUÉ LOS NIÑOS YA NO JUEGAN A LAS CHAPITAS

➤ Hoy existen más juguetes tradicionales que nunca, pero los soportes multimedia son la principal forma de diversión de los niños. "En realidad, el gran cambio se ha producido en la forma de jugar", explica Eustaquio Castellano, director del Museo del Juguete de Albarracín. Hoy día los niños casi no salen a la calle a compartir sus horas de ocio con amigos del barrio o de la escuela. El niño casi siempre juega en espacios reducidos frente a la pantalla de una computadora o de una consola. Jugar a los soldaditos o al yoyo ha pasado a la historia.

"El caso de las niñas es distinto: los juegos para ellas apenas han evolucionado en las últimas décadas", explica María del Carmen Martínez Reina en una tesis sobre cómo los juegos determinan el futuro profesional de los niños. Quizá por ese motivo las niñas siguen saltando la comba, sobre todo de la escuela. Las estampas tampoco pasan de moda. Cada temporada aparecen nuevas colecciones que los padres compran. Antes no siempre era así: había que llevarlas a la escuela y cambiarlas con los compañeros para poder completar el álbum.

Por otro lado, ahora los juguetes están más limitados. "Antes, un niño podía usar un soldadito para hacer la guerra y para lo contrario. Su fantasía mandaba. En cambio, las figuras de hoy solo sirven para una cosa", explica Castellano.

Los adultos siempre piensan que los juguetes de antes eran menos y mejores. Aprecian los juegos multimedia de ahora pero, según el docente Raúl Sánchez, "la duda está en que si los niños juegan por naturaleza y actualmente eligen soportes multimedia cada vez más sofisticados y con más posibilidades de interacción, ¿no será que estos cubren mejor sus necesidades de aprender, relacionarse y divertirse?".

Extraído y adaptado de:

http://www.larazon.es/detalle_hemeroteca/noticias/LA_RAZON_280866/5007-por-que-los-ninos-ya-no-juegan-a-las-chapas#.UhZ7lfF5mSM

### ■ Después de leer

**4.29** **Completa las oraciones:**

> Según el texto...

**a.** El cambio en el juego se ha producido en ........................... de jugar.

**b.** Los juegos de las niñas no ........................... en los últimos años.

**c.** Las ........................... es uno de los juegos que no ha pasado de moda.

**d.** Raúl Sánchez dice que el niño elige soportes sofisticados porque quizá cubren mejor sus ........................... de aprender y divertirse.

### ESCRITURA

#### ■ Antes de escribir

**4.30** Vuelve a tu infancia e intenta recordar tus tres juguetes favoritos. Escribe brevemente sus características en este cuadro.

| Nombre | ¿Con quién jugabas? | ¿Por qué te gustaba? |
|---|---|---|
| | | |
| | | |
| | | |

---

**ESTRATEGIA DE ESCRITURA: UTILIZAR BORRADOR**

Organizar tus ideas en un borrador te ayuda a escribir el texto final con más precisión.

#### ■ Escribir

**4.31** Vas a escribir un texto que describa una tarde de juegos cuando eras pequeño/a. Te ayudará el cuadro previo que has creado.

#### ■ Después de escribir

**4.32** Revisa los siguientes aspectos del escrito:

- Uso de tildes y precisión ortográfica, especialmente uso de *b* en las terminaciones en −*aba*.
- Precisión gramatical: uso apropiado de verbos y conjugaciones en pasado.
- Introducción de marcadores: *cuando, entonces, antes*, etc.

# D. DESTREZAS

## DISCURSO

### ESTRATEGIA DE PRESENTACIÓN ORAL: PREPARAR EL DISCURSO

Busca para tu discurso palabras fáciles de recordar y estructuras simples. Lo rebuscado no te ayudará ni impresionará al interlocutor.

**4.33** **Vas a hablar sobre tu vida a la edad de 10 años o en torno a ella. Trata de recordar detalles de todos los ámbitos que se mencionan en el diagrama.**

Ciudad, pueblo, país.

Tus gustos, aficiones, deportes, juegos, comidas, etc.

**Tu vida a los 10 años**

Tu aspecto físico y personalidad.

Tu familia y tus amigos.

## FONÉTICA Y ORTOGRAFÍA

### ■ Los diptongos

- En el diptongo dos vocales se combinan en la misma sílaba formando un solo sonido.
- Son diptongos las combinaciones: *iu, ui*    *i + a, e, o*    *u + a, e, o*
- Las combinaciones no siguen un orden. Puede ser *ai, ia, ie, ei,…*
- Si aparece una tilde sobre la *i*, el diptongo se rompe y las vocales se separan en sílabas distintas: *te-ní-a*

**4.34** **Escribe todas las combinaciones posibles para tener un diptongo y escribe su correspondiente ejemplo.**

veinte • ruidos • puntual • euro • columpio • huevo • alcaide • aula • sois • antiguo
tierra • estadounidense • ciudad • comedia

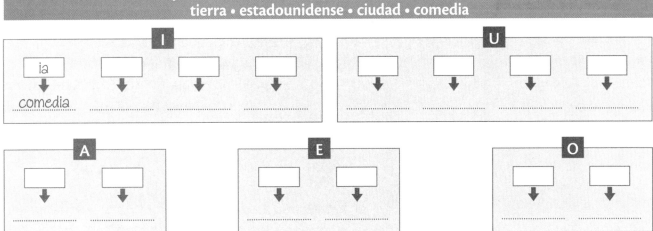

**I**

ia → comedia

**U**

**A**

**E**

**O**

**4.35** **Lee las frases y rodea las palabras con diptongo.**

a. Mi tío Eugenio me llama cada día.

b. En esta ciudad hay mucho ruido.

c. Ayer un león se escapó de su jaula.

d. A Jaime le gusta mucho la geografía.

e. Ya han llamado a la ambulancia.

f. Lo siento, no oigo bien.

# E. CULTURA

## LOS JUEGOS DE TODA LA VIDA

**4.36** Los siguientes bloques de fotografías presentan diferentes tipos de juegos. ¿Qué diferencias encuentras entre ellas? Selecciona las palabras del recuadro y escríbelas en la columna correspondiente.

> tradicionales • al aire libre • nuevas tecnologías • modernos • sofisticados • manuales

| A |
| --- |
| |

| B |
| --- |
| |

**4.37** El siguiente texto explica la diferencia entre los juegos tradicionales y los juegos de hoy en día. Léelo con atención, comprueba si las respuestas anteriores son correctas y corrígelas en caso necesario.

•••► Hoy en día la oferta de juegos para niños y adultos es muy amplia. Por un lado, podemos disfrutar de los juegos de toda la vida, aquellos que se transmiten de generación en generación y que sobreviven al paso del tiempo. Se trata de juegos infantiles clásicos que se realizan sin la ayuda de juguetes tecnológicamente complejos; sino con el propio cuerpo o con recursos de la naturaleza: arena, piedritas, hojas, flores, ramas..., a veces incluso con objetos caseros como cuerdas, papeles, tablas, telas, hilos, botones... Los juguetes tradicionales son también con los que se juega de forma manual y, generalmente, se basan en los juguetes más antiguos o simples: caballitos con el palo de una escoba, aviones con barcos de papel y disfraces... y aquellos dirigidos a todas las edades como los juegos de mesa anteriores a la revolución informática: el gato, el parchís, el juego de la oca... y algunos juegos de cartas. A este tipo pertenecen las fotografías del grupo B, juegos que se pueden disfrutar al aire libre como el caso del niño jugando con el papalote o a las escondidas, o el yoyo, pero también es posible jugarlos en casa. Por lo general, se juegan en grupo, pero también se pueden disfrutar de manera individual. Por otro lado, la sociedad actual ofrece, tanto a niños como a adultos, una amplia gama de juegos más sofisticados y modernos, introducidos por las nuevas tecnologías, como los que reflejan las fotografías del grupo A. Se pueden jugar desde la casa, sin necesidad de moverse del sillón, con la computadora, la consola de video o el celular y casi siempre de manera individual.

# E. CULTURA

**4.38** **Responde a las siguientes preguntas.**

a. ¿Qué recursos naturales o caseros se utilizan para fabricar juguetes?

b. ¿Existen juegos tradicionales dirigidos a todas las edades? En caso afirmativo, ¿cuáles son?

c. ¿Cuáles son las principales características de los juegos de hoy en día?

d. ¿Cuáles son las diferencias más notables entre ambos tipos de juegos?

e. ¿Cuáles te gustan más? ¿Por qué?

**4.39** 🎧 **12** **A continuación, escucha a unos niños explicando sus juegos favoritos. Observa las fotos, relaciona el texto con cada una de ellas y contesta las preguntas.**

**1.**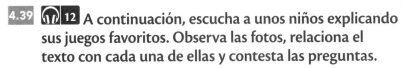

a. Nombre: .............................................................

b. Número de jugadores por equipo: .............................................................

c. ¿En qué consiste? .............................................................

d. Letra de la canción: .............................................................

.............................................................

.............................................................

**2.**

a. Nombre: .............................................................

b. Número de jugadores por equipo: .............................................................

c. ¿En qué consiste? .............................................................

d. Letra de la canción: .............................................................

.............................................................

.............................................................

**4.40** 🎧 **12** **Escucha de nuevo las explicaciones de los niños, comprueba tus respuestas con las de tu compañero y defiende tu opción si no coinciden.**

**4.41** **Piensa en un juego tradicional de tu infancia, escribe una pequeña redacción sobre él y, a continuación, explícaselo a tu compañero. Sigue el siguiente esquema:**

a. Nombre del juego: .............................................................

b. Número de jugadores/Número de equipos: .............

c. Material que se utiliza: .............................................................

d. Descripción del juego: .............................................................

e. Recuerdos que te trae el juego. Justifica tu respuesta: .............................................................

.............................................................

**ÁLBUM DE FAMILIA** (Textbook p. 150)

**5.1** **Relaciona las palabras con su definición.**

| | |
|---|---|
| **1.** graduarse | **a.** Venir al mundo. |
| **2.** conocerse | **b.** Establecer lazos formales con tu pareja. |
| **3.** enamorarse | **c.** Sentir mucho amor por una persona. |
| **4.** comprometerse | **d.** Terminar los estudios en la universidad. |
| **5.** casarse | **e.** Dejar de trabajar debido a la edad avanzada. |
| **6.** jubilarse | **f.** Comprometerse a nivel legal o religioso con una persona. |
| **7.** nacer | **g.** Verse por primera vez. |

**5.2** **Esta persona escribió el texto en 2014. Teniendo esto en cuenta, coloca los años correspondientes.**

➡ Mi vida es muy complicada. Me casé en (a) ........................., o sea hace siete años, con una muchacha que conocí tres años antes, es decir, en (b) ......................... Dos años después de casarme, en enero de (c) ........................., mi esposa y yo nos separamos y hace cuatro años nos divorciamos, o sea, que estoy divorciado desde (d) ......................... Pero esto no es todo, porque nueve años antes de casarme, en (e) ........................., conocí a otra muchacha y estuve viviendo durante dos años con ella, es decir, hasta (f) ......................... Con ella tuve un hijo tras un año de vivir juntos, quiero decir en (g) ......................... Mi hijo se llama Luis y vive en Australia con su mamá. No lo veo desde hace cuatro años, es decir, desde (h) ........................., pero hablamos seguido por teléfono.
Total, que he tenido dos relaciones, una que duró dos años, desde (i) ......................... hasta (j) ........................., y otra que empezó cuatro años después y que duró cinco años, de (k) ......................... a (l) .........................

**5.3** **Conjuga los verbos en pretérito y adivina a cuál de estas personas famosas pertenece cada biografía.**

☐ **PABLO RUIZ PICASSO**

☐ **ISABEL ALLENDE**

☐ **GUILLERMO DEL TORO**

☐ **FERNANDO BOTERO**

**1.** Es chilena, aunque (a) ........................ (nacer) en Lima (Perú), en 1942. Su padre (b) ........................ (ser) diplomático y es sobrina del que (c) ........................ (ser) presidente chileno, Salvador Allende. (d) ........................ (Estudiar) Periodismo. En 1962, (e) ........................ (casarse) y, posteriormente, (f) ........................ (tener) dos hijos. En 1973, (g) ........................ (abandonar) Chile tras el Golpe de Estado y (h) ........................ (exiliarse) en Caracas. En 1992, (i) ........................ (morir) su hija Paula, lo que la (j) ........................ (llevar) a escribir el libro titulado: *Paula* (1994). En 1985 (k) ........................ (recibir) el premio a la mejor novela en México, y, en 1986, (l) ........................ (ser) premiada como la mejor autora del año en Alemania. En 1982 (m) ........................ (publicarse) su obra más conocida: *La casa de los espíritus*. Entre otras obras, cabe destacar: *De amor y de sombra* (1984), *El plan infinito* (1991), *Cuentos de Eva Luna* (1992) e *Hija de la fortuna* (1999). Actualmente reside en California (EE. UU.).

**2.** (a) ........................ (Nacer) en Málaga (España), en 1881. En 1895 (b) ........................ (trasladarse) a Barcelona donde (c) ........................ (ingresar) en la Facultad de Bellas Artes. Cinco años más tarde (d) ........................ (ir) por primera vez a París donde (e) ........................ (organizar) una exposición. Nueve años después (f) ........................ (regresar) a vivir a París donde (g) ........................ (conocer) a Matisse. Al cabo de tres años, (h) ........................ (pintar) *Las señoritas de Avignon*. Cuando en 1936 (i) ........................ (empezar) la guerra civil española, (j) ........................ (volver) de nuevo a París, donde (k) ........................ (pintar) *El Guernica*. (l) ........................ (Casarse) varias veces y (m) ........................ (tener) tres hijos. En 1955 (n) ........................ (instalarse) en Cannes y, a los dos años, (ñ) ........................ (pintar) *Las Meninas*, inspirándose en el cuadro de Velázquez. En 1973, (o) ........................ (morir) en su casa de Notre Dame de Vie (Francia).

**3.** El 19 de abril de 1932 (a) ........................ (nacer) en Medellín (Colombia). (b) ........................ (Cursar) estudios primarios en el Colegio Bolivariano. En 1948 dos de sus acuarelas (c) ........................ (incluirse) en una muestra colectiva en el Instituto de Bellas Artes de Medellín. (d) ........................ (Financiar) sus estudios en el Liceo San José y en la Normal de Marinilla con los dibujos que (e) ........................ (realizar) para el suplemento dominical de El Colombiano. En 1951 (f) ........................ (tener) su primera exposición individual en la Galería Leo Matiz. Entre 1953 y 1954 (g) ........................ (viajar) a París e Italia. Al año siguiente (h) ........................ (contraer) matrimonio con Gloria de Artei. En 1956 (i) ........................ (radicar) en México en donde (j) ........................ (interesarse) por el arte precolombino y el trabajo de los surrealistas mexicanos. En 1957 (k) ........................ (viajar) por primera vez a Estados Unidos. Desde entonces ha ganado el reconocimiento internacional.

**4.** (a) ........................ (Nacer) el 9 de octubre de 1964 en Guadalajara (México). (b) ........................ (Llevar) a cabo sus primeros trabajos con cine cuando estudiaba la secundaria. (c) ........................ (Pasar) diez años trabajando en diseño de maquillaje, después (d) ........................ (formar) su propia compañía llamada Necropia. (e) ........................ (Ser) el productor ejecutivo de su primera película a los 21 años. (f) ........................ (Cofundar) el Festival de Cine de Guadalajara y (g) ........................ (crear) la compañía de producción Tequila Gang. En 1998 (h) ........................ (decidir) irse a vivir al extranjero. Su primera película (i) ........................ (llamarse) *Cronos*. En 2006 (j) ........................ (filmar) su sexta película, *El laberinto del fauno*, que (k) ........................ (ganar) 8 premios Ariel y 7 premios Goya, además de recibir tres premios Óscar.

## MOMENTOS HISTÓRICOS (Textbook pp. 151-152)

**5.4** **Estas palabras se utilizan mucho para hablar de momentos históricos. Deduce los verbos de los sustantivos que aparecen.**

**a.** Celebración ..................... *Celebrar* .....................

**b.** Comienzo ...............................................

**c.** Levantamiento ...............................................

**d.** Atentado ...............................................

**e.** Llegada ...............................................

**f.** Caída ...............................................

**g.** Ingreso ...............................................

**h.** Hundimiento ...............................................

**i.** Construcción ...............................................

**5.5** **Ahora, relaciona cada uno de los acontecimientos históricos con las fechas correspondientes.**

**1.** El 21 de julio de 1969

**2.** El 11 de septiembre de 2001

**3.** A mediados del siglo XX

**4.** A finales del siglo XIX

**5.** En abril de 1912

**6.** En 1968

**7.** El 16 de septiembre de 1910

**8.** En noviembre de 1989

**9.** En 1997

**10.** En 1994

**a.** Celebración de los Juegos Olímpicos en México.

**b.** Comienzo de la Revolución Mexicana de Independencia.

**c.** Descubrimiento de la luz eléctrica.

**d.** Levantamiento de los campesinos de Chiapas (México).

**e.** Atentado terrorista en Estados Unidos.

**f.** Llegada del hombre a la Luna.

**g.** Caída del Muro de Berlín.

**h.** Creación de la OTAN.

**i.** Hundimiento del Titanic.

**j.** Construcción del Museo Guggenheim en Bilbao (España).

**5.6** **Algunas de estas fotos pertenecen a los acontecimientos históricos anteriores. Discute con tus compañeros cuáles son.**

## A. VOCABULARIO

**5.7** 🎧 **13** Vas a escuchar información sobre acontecimientos de la historia de México. Fíjate en las fechas en que se produjeron y anótalas en la tabla. Luego, anota los hechos históricos.

| | Fechas | Acontecimientos |
|---|---|---|
| Fecha 1. | | |
| Fecha 2. | | |
| Fecha 3. | | |
| Fecha 4. | | |
| Fecha 5. | | |

| | Fechas | Acontecimientos |
|---|---|---|
| Fecha 6. | | |
| Fecha 7. | | |
| Fecha 8. | | |
| Fecha 9. | | |
| Fecha 10. | | |

**5.8** Aquí tienes viviendas, costumbres, transportes, etc., característicos de un momento de la Historia. ¿Con qué época o épocas relacionas cada uno de ellos?

| | Prehistoria | Edad Antigua | América precolombina | Edad Moderna | Edad Contemporánea |
|---|---|---|---|---|---|
| • Casa | ☐ | ☐ | ☐ | ☐ | ☐ |
| • Castillo | ☐ | ☐ | ☐ | ☐ | ☐ |
| • Palacio | ☐ | ☐ | ☐ | ☐ | ☐ |
| • Cueva | ☐ | ☐ | ☐ | ☐ | ☐ |
| • Departamento | ☐ | ☐ | ☐ | ☐ | ☐ |
| • Rascacielos | ☐ | ☐ | ☐ | ☐ | ☐ |
| • Cultivar la tierra | ☐ | ☐ | ☐ | ☐ | ☐ |
| • Cuidar el ganado | ☐ | ☐ | ☐ | ☐ | ☐ |
| • Rezar | ☐ | ☐ | ☐ | ☐ | ☐ |
| • Luchar | ☐ | ☐ | ☐ | ☐ | ☐ |
| • Hacer deporte | ☐ | ☐ | ☐ | ☐ | ☐ |
| • Salir a tomar algo | ☐ | ☐ | ☐ | ☐ | ☐ |
| • Avión | ☐ | ☐ | ☐ | ☐ | ☐ |
| • Barco | ☐ | ☐ | ☐ | ☐ | ☐ |
| • Globo | ☐ | ☐ | ☐ | ☐ | ☐ |
| • Caballo | ☐ | ☐ | ☐ | ☐ | ☐ |
| • Carreta | ☐ | ☐ | ☐ | ☐ | ☐ |
| • Carro | ☐ | ☐ | ☐ | ☐ | ☐ |
| • Moto | ☐ | ☐ | ☐ | ☐ | ☐ |

| | Prehistoria | Edad Antigua | América precolombina | Edad Moderna | Edad Contemporánea |
|---|---|---|---|---|---|
| • Túnica | ☐ | ☐ | ☐ | ☐ | ☐ |
| • Sandalias | ☐ | ☐ | ☐ | ☐ | ☐ |
| • Taparrabos | ☐ | ☐ | ☐ | ☐ | ☐ |
| • Armadura | ☐ | ☐ | ☐ | ☐ | ☐ |
| • Peluca | ☐ | ☐ | ☐ | ☐ | ☐ |
| • Sombrero | ☐ | ☐ | ☐ | ☐ | ☐ |
| • Bastón | ☐ | ☐ | ☐ | ☐ | ☐ |
| • El reloj de arena | ☐ | ☐ | ☐ | ☐ | ☐ |
| • La electricidad | ☐ | ☐ | ☐ | ☐ | ☐ |
| • La rueda | ☐ | ☐ | ☐ | ☐ | ☐ |
| • El teléfono | ☐ | ☐ | ☐ | ☐ | ☐ |
| • La brújula | ☐ | ☐ | ☐ | ☐ | ☐ |
| • El barco de vapor | ☐ | ☐ | ☐ | ☐ | ☐ |
| • La imprenta | ☐ | ☐ | ☐ | ☐ | ☐ |
| • El fuego | ☐ | ☐ | ☐ | ☐ | ☐ |
| • La pluma | ☐ | ☐ | ☐ | ☐ | ☐ |
| • El petróleo | ☐ | ☐ | ☐ | ☐ | ☐ |
| • La lámpara de aceite | ☐ | ☐ | ☐ | ☐ | ☐ |
| • El papel | ☐ | ☐ | ☐ | ☐ | ☐ |

# B. AMPLIACIÓN DE VOCABULARIO

## ACONTECIMIENTOS Y MOMENTOS HISTÓRICOS

| Hablar de acontecimientos importantes en la vida | Verbos en infinitivo | Verbos en pasado utilizados habitualmente |
|---|---|---|
| traslado | trasladarse | se trasladó |
| dedicación | dedicar | se dedicó |
| establecimiento | establecerse | se estableció |
| contacto | contactar | contactó |
| viudo | enviudar | enviudó |
| vuelta | volver | volvió |
| ingreso | ingresar | ingresó |
| realización | realizar | realizó |

### Hablar de momentos históricos

| | | |
|---|---|---|
| descubrimiento | descubrir | se descubrió/descubrió |
| clonación | clonar | se clonó |
| revolución | revolucionar | revolucionó |
| invención | inventar | se inventó/inventó |
| llegada | llegar | llegó/llegaron |
| popularización | popularizar | se popularizó |

**5.9** **Completa con las palabras correctas.**

**a.** Cristóbal Colón ................... América en 1492.

**b.** Mi bisuabuela tuvo tres maridos y ................... tres veces.

**c.** En 1996 ................... un mamífero a partir de una célula adulta. Se trata de la famosa oveja Dolly.

**d.** Picasso ................... en París en 1904.

**e.** Hace muy poco tiempo que Internet ..................., ya que antes solo funcionaba para usos militares.

**f.** Se entiende por ................... Industrial el proceso de transformación económico, social y tecnológico que se inició en la segunda mitad del siglo XVIII.

**g.** Graham Bell ................... el teléfono.

**5.10** **Relaciona las palabras con las frases.**

**1.** El pintor **se mudó** a París.

**2.** Carlos **entró en** la universidad con 18 años.

**3.** Cristóbal Colón **hizo** un gran descubrimiento.

**4.** Miguel se quedó sin trabajo y **tuvo que vivir nuevamente** con sus padres.

**5.** Cuando los españoles **arribaron** a América creyeron que estaban en el paraíso.

**6.** La imprenta **se difundió entre la gente** muchos años después de su invención.

**7.** Frida Kahlo **se entregó** a la pintura desde joven.

**a.** realizó

**b.** se trasladó

**c.** se popularizó

**d.** volvió

**e.** llegaron

**f.** se dedicó

**g.** ingresó

## C. GRAMÁTICA

### 1. EL PRETÉRITO DE LOS VERBOS REGULARES (Textbook pp. 152-153)

El **pretérito** se utiliza:

- para hablar de acciones pasadas que no tienen conexión con el presente del hablante:
  – *Anoche estuve en el cine.*

- para expresar acciones pasadas de desarrollo prolongado, pero limitado y cerrado:
  – *La boda duró tres días.*

- para expresar acciones que se han repetido en el pasado:
  – *El año pasado estuve cinco veces en California.*

| | VIAJAR | COMER | SALIR |
|---|---|---|---|
| Yo | viaj**é** | com**í** | sal**í** |
| Tú | viaj**aste** | com**iste** | sal**iste** |
| Él/ella/usted | viaj**ó** | com**ió** | sal**ió** |
| Nosotros/as | viaj**amos** | com**imos** | sal**imos** |
| Vosotros/as | viaj**asteis** | com**isteis** | sal**isteis** |
| Ellos/ellas/ustedes | viaj**aron** | com**ieron** | sal**ieron** |

El pretérito suele llevar los siguientes **marcadores temporales**:

- *Ayer/Anteayer/Antier*
- *La semana pasada*
- *En 1998/agosto/verano*

- *El mes/año/verano pasado*
- *Hoy/Esta semana/Este mes*

---

**EXPANSIÓN GRAMATICAL**

- El pretérito de los verbos en *–er* / *–ir* tienen las mismas terminaciones.
- La forma *nosotros/as* de los verbos regulares en *–ar* e *–ir* coincide con el presente de indicativo correspondiente:
  – *Nosotros* **trabajamos** *todos los días hasta las 18h.*     – *Todos los fines de semana* **salimos** *al campo.*
  – *La semana pasada* **trabajamos** *hasta las 20h.*     – *Ayer* **salimos** *a cenar y fuimos a la discoteca.*

---

**5.11** **Completa la tabla del pretérito.**

| | CENAR | CORRER | ESCRIBIR |
|---|---|---|---|
| Yo | cené | corrí | |
| Tú | | | |
| Él/ella/usted | cenó | | |
| Nosotros/as | | | |
| Vosotros/as | | corristeis | escribisteis |
| Ellos/ellas/ustedes | | | |

**5.12** **Relaciona cada frase con su pregunta.**

1. Estudió Medicina.
2. Nacimos en Sacramento.
3. Estudiaron Medicina.
4. Llegué en 1999.
5. Nació en 2010.
6. Llegamos en 1999.
7. Nací en Boston.

a. ¿Dónde naciste?
b. ¿En qué año llegaron?
c. ¿Dónde nacieron?
d. ¿En qué año llegaste?
e. ¿Qué estudió?
f. ¿Qué estudiaron?
g. ¿En qué año nació tu hijo?

### 2. EL PRETÉRITO DE LOS VERBOS IRREGULARES (Textbook pp. 154-156)

| Verbos con cambio vocálico | | | | Verbos completamente irregulares | |
|---|---|---|---|---|---|
| **e > i** | **o > u** | **i > y** | **+y** | **SER/IR** | **DAR** |
| pedí | dormí | construí | creí | fui | di |
| pediste | dormiste | construiste | creíste | fuiste | diste |
| p**i**dió | d**u**rmió | constru**y**ó | cre**y**ó | fue | dio |
| pedimos | dormimos | construimos | creímos | fuimos | dimos |
| pedisteis | dormisteis | construisteis | creísteis | fuisteis | disteis |
| p**i**dieron | d**u**rmieron | constru**y**eron | cre**y**eron | fueron | dieron |
| *preferir* | *morir(se)* | *destruir* | *caer* | | |
| *elegir* | | *incluir* | *oír* | | |
| *medir* | | *distribuir* | | | |
| *mentir* | | | | | |
| *corregir* | | | | | |

**Verbos irregulares en la raíz**

| | | | |
|---|---|---|---|
| hacer | ➡ | **hic/z–** | e |
| querer | ➡ | **quis–** | iste |
| decir | ➡ | **dij–*** | o |
| saber | ➡ | **sup–** | imos |
| poder | ➡ | **pud–** | isteis |
| tener | ➡ | **tuv–** | ieron |
| estar | ➡ | **estuv–** | |
| poner | ➡ | **pus–** | |

**5.13** En cada línea hay un verbo irregular que no pertenece a estos grupos con irregularidad en la tercera persona. Busca el intruso.

a. intuyó / leyeron / quiso / durmieron / midieron / eligieron

b. distribuyó / oyeron / cayeron / pidió / trajo / mintieron

c. creyeron / murió / hubo / sintió / destruyó / construyeron

d. sintieron / prefirió / supo / corrigieron / incluyeron / mintió

* ellos/ellas dijeron

**5.14** Completa la siguiente biografía.

➡ Lionel Andrés Messi, conocido como Leo o Pulga, (a) .................. (nacer) en Rosario, Santa Fe (Argentina) en 1987. Su inmensa calidad como futbolista (b) .................. (empezar) a apuntar a los cinco años en el club de barrio de su ciudad y (c) .................. (repetirse) cuando, a partir de los siete años, (d) .................. (poder) jugar en las divisiones inferiores de Rosario. A los 10 años, a punto de entrar en el club River Plate de Buenos Aires, (e) .................. (saber, él) que tenía un retraso en el crecimiento; el tratamiento médico era muy caro, los clubes no (f) .................. (querer) afrontarlo y su padre, sin los recursos económicos necesarios, (g) .................. (ir) a Barcelona. Así, en septiembre de 2000, Leo (h) .................. (realizar) una prueba en el F.C. Barcelona; el técnico del equipo (i) .................. (sentir) su talento futbolístico y, firmando un contrato en una servilleta de papel, como cuenta la anécdota, lo (j) .................. (incorporar) al club, que (k) .................. (hacerse) cargo del tratamiento del muchacho. Messi tenía entonces trece años y medía 1,40. A sus 17 años la Pulga (l) .................. (poder) marcar su primer gol como profesional en el Barça y (m) .................. (convertirse) en el jugador más joven del equipo en lograr un gol en la Liga española.

(n) .................. (Ser) durante la llamada "era Guardiola" cuando el club (ñ) .................. (conseguir) 14 títulos de los 18 posibles. (o) .................. (Obtener) el Balón de Oro en cuatro años consecutivos (2009, 2010, 2011 y 2012).

www.biografiasyvida.com

## C. GRAMÁTICA

- Los verbos **ser** e **ir** comparten las mismas formas en el pretérito.
- La forma **hay** del presente del indicativo del verbo *haber* es **hubo** en pretérito.

**5.15** **Completa este texto sobre la historia de la Transición en España.**

### UN POCO DE HISTORIA ESPAÑOLA

•••➤ La guerra civil española (a) ................... (empezar) en 1936 y (b) ................... (terminar) en 1939. Franco, militar del bando nacional, (c) ................... (proclamarse) Jefe del Estado. La dictadura franquista (d) ................... (durar) casi cuarenta años, hasta la muerte de Franco el 20 de noviembre de 1975. Ese mismo año, (e) ................... (nombrar, ellos) a Juan Carlos de Borbón, Jefe del Estado. Así se (f) ................... (llegar) al período conocido como la Transición. En las elecciones de marzo de 1979, el PSOE (Partido Socialista Obrero Español) (g) ................... (convertirse) en la segunda fuerza política del país. Pero ese año Adolfo Suárez (h) ................... (volver) a ser elegido Presidente del Gobierno. No (i) ................... (durar) mucho tiempo, ya que en enero de 1981 (j) ................... (dimitir) a causa de una crisis del Gobierno.

En octubre de 1982 (k) ................... (convocarse) nuevas elecciones y Felipe González (l) ................... (ganar) las elecciones. En mayo de 1986, después de un referéndum, España (m) ................... (integrarse) en la OTAN y en enero en la UE.

Juan Carlos de Borbón

Adolfo Suárez

Felipe González

OTAN

**5.16** **Completa con el verbo adecuado y conjúgalo.**

> haber • poner • venir • estar • reírse • impedir • tener • preferir • poder • divertirse

**a.** No ................... los libros en la maleta porque no me cabían. Los ................... que llevar en la mano.

**b.** ➤ ¿Por qué no ................... David y Santi a la fiesta?
   ▷ Porque no ................... , tenían que estudiar.

**c.** Me han contado Susana y Bea que el viernes ................... en el teatro, que ................... mucho y que ................... durante toda la obra.

**d.** ➤ ¿Sabes qué pasó el viernes en el centro?
   ▷ Pues creo que ................... una manifestación.
   ➤ ¡Claro! Por eso nos ................... acceder en carro.
   ▷ Sí, y cerraron el metro también. Entonces nosotros ................... caminar durante dos horas hasta casa.

### 3. EXPRESIONES TEMPORALES USADAS CON EL PRETÉRITO (Textbook p. 153)

Para relacionar dos acciones del pasado:

- **Antes de** + infinitivo.
- **Al cabo de** + un mes/dos años...
- **Años/días/meses más tarde**...
- **Al año/A la mañana siguiente**...
- **A los dos meses/A las tres semanas**...
- **Un día/mes/año después**...

- – *Antes de salir de casa, tomé las llaves.*
- – *Empecé a leer un libro y al cabo de dos horas lo terminé.*
- – *Terminé la universidad y unos meses más tarde encontré trabajo.*
- – *A la mañana siguiente me encontré de nuevo con él.*
- – *A las tres semanas regresé a mi ciudad.*
- – *Un mes después empezaron a salir.*

Para indicar el inicio de una acción:

- **Desde el lunes/1980/marzo**...

- – *Trabajo aquí desde julio.*

Para indicar la duración de una acción:

- **De... a / Desde... hasta**
- **Durante**

- – *Estudié español desde las cinco hasta las ocho.*
- – *Estuve estudiando español durante tres horas.*

Para indicar el final de una acción:

- **Hasta (que)**

- – *Estudié español hasta que cumplí dieciocho años.*

**5.17** **Completa las frases con el marcador correcto.**

> desde que • en 2006 • hasta que • antes de • al cabo de tres años

a. ............... empecé a hacer deporte, me siento mejor.

b. No salí de casa ........................ llegaron mis padres.

c. Su hermano nació ..................... y ..................... nació ella.

d. Su padre se casó ................. cumplir los veinte años.

**5.18** **Completa el texto sobre la vida de este periodista conjugando los verbos entre paréntesis y añadiendo las palabras del recuadro.**

> hasta que • durante cinco años • antes de • al cabo de • durante • desde

•••▶ Empecé a estudiar Periodismo en 1996. Estuve estudiando en la universidad (1) ........................, hasta 2001. (2) ........................ terminar mis estudios, (a) ........................ (hacer) mis primeras prácticas en un periódico.

(b) ........................ (Estar) en ese periódico (3) ........................ dos meses. (4) ........................ seis meses (c) ........................ (conseguir) mi primer trabajo en una estación de radio.

(d) ........................ (Trabajar) allí (5) ........................ cumplí los 28 años. Un año después, me fui a vivir a París. (6) ........................ los 29 hasta los 33 años estuve viviendo en la capital francesa. Después (e) ........................ (regresar) a mi ciudad y (f) ........................ (volver) a trabajar en un periódico.

**5.19** **Selecciona la opción correcta.**

a. Juan vive en Buenos Aires **desde que/durante/de que** era pequeño.

b. Ana empezó a estudiar Ingeniería, pero **desde/al cabo de/después** un año lo dejó.

c. Trabajó en una tienda **hasta/hasta de/hasta que** ganó la lotería y dejó de trabajar.

d. Me casé en 2003 y **al/en/el** año nació mi hijo. **Dos años después/Después dos años/Dos años más** nació mi segundo hijo.

## D. DESTREZAS

### LECTURA

■ **Antes de leer**

**5.20** **Antes de leer contesta las siguientes preguntas.**

   **a.** ¿Te gustan las tiras cómicas o cómics?

   **b.** ¿Qué tiras cómicas conoces?

   **c.** Busca en Internet el nombre de algunos cómics famosos en Latinoamérica y España.

■ **Leer**

**5.21** **¿Conoces a Mafalda y a Quino? A continuación, vas a leer algunos datos de sus biografías.**

> **ESTRATEGIA DE LECTURA: PREDECIR EL CONTENIDO**
>
> Muchas veces el título de una lectura activará asociaciones personales con el tema que te permiten pensar en la información que es probable que aparezca en el pasaje. Predecir el contenido de la lectura te permitirá anticipar el vocabulario nuevo que aparezca.

•••➔ Mafalda es un entrañable personaje de tiras cómicas. Su creador fue Joaquín Salvador Lavado, conocido como Quino, y nació en Mendoza (Argentina) en el año 1932.

Mafalda representa el inconformismo de la humanidad, pero con fe en su generación. Critica duramente la injusticia, la guerra, las armas nucleares, el racismo, las absurdas convenciones de los adultos y, claro, la sopa.

Mafalda nació en el año 1958 en Argentina. Su papá, corredor de seguros, y su mamá, ama de casa, se conocieron en la facultad. Cuando se casaron ella abandonó los estudios. Quino la llamó Mafalda en homenaje a un libro del escritor David Viñas.

**$45** El 22 de septiembre de 1964 apareció la primera tira de Mafalda en la revista Primera Plana. Y a partir de marzo de 1965 Mafalda se publicó en el diario El Mundo. Es aquí donde tuvo mayor éxito y comenzó a aparecer diariamente.

Las historias de Mafalda se tradujeron a 26 idiomas y sus libros se vendieron en todo el mundo. El 25 de junio de 1973, Mafalda se despidió de los lectores, año en que Perón volvió de su exilio en Madrid y fue reelegido presidente.

■ **Después de leer**

**5.22** **Quizás no conoces algunas palabras del texto. Intenta relacionar las palabras de la columna de la izquierda con las de la columna de la derecha.**

| | |
|---|---|
| **1.** entrañable | **a.** Comida líquida y caliente. |
| **2.** tiras cómicas | **b.** Tierno. |
| **3.** fe | **c.** En honor a. |
| **4.** sopa | **d.** Volver a elegir. |
| **5.** en homenaje a | **e.** Cómic. |
| **6.** tira | **f.** Sucesión de viñetas de historietas. |
| **7.** reelegir | **g.** Confianza. |

## ESCRITURA

■ Antes de escribir

**ESTRATEGIA DE ESCRITURA: IDENTIFICAR LA ESTRUCTURA**

Escribir es bastante difícil, incluso en nuestro propio idioma, pero básicamente todas las cartas o correos electrónicos tienen una introducción, desarrollo y cierre.

**5.23** **Coloca estas frases en la parte de la carta que le corresponde.**

- El domingo paseamos por un parque maravilloso donde vimos patos y cisnes.
- Te escribo desde una ciudad muy grande y con muchas actividades.
- Por la tarde estuvimos en un mercado de artesanías y compramos un regalo para ti.
- Bueno, tengo que dejar de escribir porque tenemos que salir nuevamente.
- Hola, amiga.
- Hace mucho frío aunque es una ciudad que me encanta.
- Un beso enorme.
- Después fuimos a cenar con los amigos de mi madre.
- Pronto nos veremos.
- El sábado estuvimos en el teatro y vi a uno de tus actores preferidos.

| Introducción | Desarrollo | Cierre |
|---|---|---|
| | | |

■ Escribir

**5.24** **Acabas de hacer un examen y le escribes a un/a amigo/a una carta de unas 70-80 palabras.**

En ella debes:
- decirle qué tal te fue;
- explicarle de qué fue;
- contarle qué estudiaste;
- valorar el resultado final.

■ Después de escribir

**5.25** **Revisa bien tu carta y observa los siguientes detalles:**

- Posibles errores de ortografía.
- ¿Qué frases crees que corresponden a la introducción, cuáles al desarrollo de tu carta y cuáles al cierre?
- Observa el vocabulario y mira si puedes añadir alguna frase para describir mejor cómo fue el examen.

# D. DESTREZAS

## DISCURSO

### Estrategia de presentación oral: Hablar, no leer

Mira tus notas solo ocasionalmente. Recuerda que es más importante presentar la información de una manera natural y relajada que decir lo que has preparado palabra por palabra.

**5.26** **Imagina que eres un cantante famoso (real o imaginario) que está haciendo una entrevista para la televisión. Cuenta tu vida y cómo empezaste en el mundo de la canción. Puedes usar las sugerencia que tienes a continuación para hablar.**

Tu ciudad · ¿Dónde naciste? · Padres · Novios/Novias · Cómo es el mundo de la música · Amigos de la infancia · Estudios · Amigos actuales · Cambio de vida · Tus inicios

## FONÉTICA Y ORTOGRAFÍA

### ■ Las letras *c*, *s* y *z*

**5.27** **Aquí tienes algunos usos de la ortografía de las letras *c*, *s* y z. Pon los ejemplos en los usos correspondientes.**

> hallazgo • erudición • propulsión • zurcir • López • capaz • bracito • acariciar • beneficiar • misión • división • lanza • airecillo • chanza • agradecer • noviazgo • inmersión • bendición • atroz • Hernández

#### Se escriben con c:
- Las terminaciones de los diminutivos *–cito, –ecito, –cico, –ecico, –cillo, –ecillo*: ............................................
- Los verbos que terminan en *–ciar*: ............................................
- Los verbos que terminan en *–cer* y *–cir*: ............................................
- Los sustantivos terminados en *–ción*: ............................................

#### Se escriben con s:
- Las palabras que terminan en *–rsión* y *–lsión*: ............................................
- La mayor parte de las palabras que terminan en *–sión*: ............................................

#### Se escriben con z:
- Los adjetivos terminados en *–az* y *–oz*: ............................................
- La mayor parte de las palabras terminadas en *–anza*: ............................................
- Las palabras terminadas en *–azgo*: ............................................
- El sufijo *–ez* de los apellidos: ............................................

# E. CULTURA

**5.28** **Lee la breve ficha de información sobre Pedro Almodóvar. Para saber más, relaciona las preguntas con sus respuestas.**

### PEDRO ALMODÓVAR

- Fecha y lugar de nacimiento: 24 de septiembre de 1949 en Calzada de Calatrava, Ciudad Real (España).

- Profesión: Director de cine.

**1.** ¿En qué ciudad empezó su carrera artística?

**2.** ¿Cómo se titula la primera película dirigida por Pedro Almodóvar? ¿En qué año se estrenó?

**3.** Además de director, ¿qué otros papeles tuvo en el mundo del cine?

**4.** ¿Cómo se llama la productora de Pedro Almodóvar? ¿Con quién la fundó?

**5.** ¿Actuó Pedro Almodóvar en algunas de sus películas? ¿En cuáles?

**a.** Sí, en *Pepi, Luci y Bom, y otras chicas del montón*; *¿Qué he hecho yo para merecer esto?*; *La ley del deseo*.

**b.** Actor y productor.

**c.** En Madrid.

**d.** El Deseo. La fundó con su hermano Agustín Almodóvar.

**e.** *Pepi, Luci y Bom, y otras chicas del montón*. En 1980.

**5.29** **Continúa conociendo a Pedro Almodóvar. Lee los siguientes fragmentos de esta entrevista y completa los espacios en blanco con las palabras del recuadro.**

productor • Escuela de Cine • categoría • productora • oficinista • la movida madrileña

**Entrevistador:** Pedro, tú eres de Calzada de Calatrava, un pueblo de Castilla-La Mancha, pero te fuiste muy joven a Madrid. ¿Por qué?

**Pedro A.:** Bueno, yo siempre quise estudiar cine y con esta ilusión, me marché a Madrid para matricularme en la (a) ........................

**Entrevistador:** Pero no pudo ser, ¿no?

**Pedro A.:** Pues no, tuve la mala suerte de que la escuela cerró y me quedé sin poder estudiar lo que más deseaba; enseguida busqué un trabajo para sobrevivir.

**Entrevistador:** ¿Y en qué trabajaste?

**Pedro A.:** ¡Uy! Hice un poco de todo hasta que conseguí un puesto de (b) ........................ en Telefónica en el que estuve doce años.

**Entrevistador:** ¿En serio? Me cuesta mucho imaginarte en algo que no tenga que ver con la creación artística...

**Pedro A.:** Es que yo siempre estuve vinculado al mundo artístico y en esa época empecé a tener mis primeros contactos con el movimiento cultural del momento: (c) ........................

**Entrevistador:** Además de director de cine, también eres (d) ........................ ¿Puedes hablarnos de esta faceta?

**Pedro A.:** En 1985 mi hermano Agustín y yo fundamos una (e) ........................, *El Deseo*, un proyecto con el que empezamos a producir mis propias películas y después las de otros magníficos directores (...)

**Entrevistador:** Hasta el momento has conseguido dos Óscars... Háblanos, por favor, de estos premios.

**Pedro A.:** En 1999 nos otorgaron el Óscar con la película *Todo sobre mi madre* en la (f) ........................ de Mejor película extranjera y tres años después, en 2002, conseguimos con *Hable con ella* el Óscar al mejor guion original. (...)

**5.30** 🎧 **14** **A continuación, escucha la siguiente información sobre** *Volver***, una de las películas más internacionales de Pedro Almodóvar, y completa la ficha.**

# E. CULTURA

**a.** Género: ......................................................

**b.** Año: ......................................................

**c.** Actriz protagonista: ......................................................

**d.** Espacios geográficos de la historia: ......................................................

**e.** Tema principal de la historia: ......................................................

**f.** Nombre de las dos hermanas: ......................................................

**g.** Carácter de las dos hermanas: ......................................................

**5.31** **Ahora les presentamos al escritor Gabriel García Márquez. Lee las siguientes palabras relacionadas con su vida u obra e intenta explicar la vinculación.**

Aracataca • Gabito • fantasía y realidad • Nobel de Literatura • periodista

### GABRIEL GARCÍA MÁRQUEZ

- Fecha y lugar de nacimiento: 6 de marzo de 1927 en Aracataca (Colombia).

- Profesión: novelista, guionista y periodista.

**5.32** **Ahora, lee el texto y comprueba tus hipótesis.**

➡️ Gabriel García Márquez, conocido por sus familiares y amigos como Gabito, nació en Aracataca, pueblo donde vivió con sus abuelos hasta los ocho años. Durante esta etapa surgió lo esencial de su universo narrativo: la mezcla de fantasía y realidad. La fantástica casa de sus abuelos acompañó al escritor en la mayoría de sus novelas, al igual que los elementos fantásticos y fabulosos que a veces nos hacen difícil distinguir cuánto hay de realidad y cuánto de ficción en sus obras. La mezcla de ambos elementos dio lugar a una corriente artística en Latinoamérica durante la segunda mitad del siglo XX, denominada *realismo mágico*, y García Márquez se consolidó como uno de sus principales representantes. Entre múltiples premios y distinciones, en 1982 recibió el Premio Nobel de Literatura otorgado por la Academia Sueca.

**5.33** 🎧 **15** **La novela *Cien años de soledad* es una de las que mejor representa el realismo mágico. Escucha atentamente y subraya la opción correcta.**

**a.** *Cien años de Soledad* cuenta la historia de los antepasados de **la familia Buendía/las familias Buendía e Iguarán**.

**b.** José Arcadio no quiere mantener relaciones con Úrsula Iguarán porque **no quiere tener hijos con cola de iguana como algunos antepasados/ no quiere a su esposa**.

**c.** José Arcadio mata a Prudencio, el padre de Úrsula, porque **le llamaba cobarde/no le gustaba**.

**d.** Después de matar a Prudencio, José Arcadio **se queda en el mismo pueblo/huye de su pueblo y funda otro: "Macondo"**.

**e.** La vida de José Arcadio tiene similitudes con la del abuelo del escritor porque **los dos mataron a un hombre y fundaron un pueblo/los dos mataron al padre de su mujer**.

## A. VOCABULARIO

### ACTIVIDADES DE TIEMPO LIBRE Y EN EL HOTEL (Textbook pp. 175-178)

**6.1** Estas personas están de vacaciones desde hace unos días. ¿Alguna vez has hecho una de estas actividades?

1. .................................... 2. .................................... 3. .................................... 4. ....................................

**6.2** Lee el texto y subraya las palabras relacionadas con actividades de tiempo libre y hotel.

| México Resorts | Inicio | Destinos | Paquetes | Tours | Quiénes somos |

México Resorts es su portal virtual al mundo de los mejores servicios de viajes, alojamiento en hoteles y paquetes de vacaciones en la playa. En México Resorts buscamos y seleccionamos con mucho cuidado los hoteles con las mejores tarifas en los destinos más populares de México para ofrecer a nuestros clientes unas vacaciones a medida en las paradisiacas playas del Caribe o del océano Pacífico.

Tanto en temporada alta como en temporada baja hay gran cantidad de opciones, y su elección dependerá totalmente de sus preferencias: media pensión, pensión completa, habitaciones dobles e individuales. Haga su reserva en línea y, cuando llegue, nuestros empleados, recepcionistas y botones, le ayudarán a disfrutar de su estancia, tendrá la llave en su mano.

Le invitamos a conocer las diferentes opciones playa y cultura… ya que estamos convencidos de que verá con sus propios ojos que no hay excusa válida para perderse unas vacaciones de invierno en las aguas turquesas del Caribe. Muchas actividades acuáticas a su disposición: la pesca, el surf. Para los amantes de la naturaleza ofrecemos rutas para hacer senderismo o para los más arriesgados, hacer *bungee jumping*. *¡Asegure su reserva en línea hoy mismo y ande su camino al sol y la diversión tropicales que le esperan en México!*

**6.3** Clasifica las palabras anteriores en esta tabla.

| Hotel | Actividades de ocio |
|---|---|
|  |  |
|  |  |

# A. VOCABULARIO

**6.4** Imagina que buscas un hotel para tus vacaciones con tu familia. Ordena las palabras anteriores según su importancia para ti. Habla con tu compañero y justifícalo.

| Hotel | Actividades de ocio |
|---|---|
| 1. ........................................... | 1. ........................................... |
| 2. ........................................... | 2. ........................................... |
| 3. ........................................... | 3. ........................................... |
| 4. ........................................... | 4. ........................................... |
| 5. ........................................... | 5. ........................................... |

**6.5** Luis llama a un hotel para hacer una reservación. Crea un diálogo a partir de las siguientes indicaciones.

| Recepcionista | Luis |
|---|---|
| 1. Responde al teléfono. | 2. Saluda y le dice que quiere reservar una habitación. |
| 3. Le pregunta cuántas noches va a estar. | 4. Le responde. |
| 5. Pregunta para cuántas personas. | 6. Le responde. |
| 7. Le confirma la disponibilidad. | 8. Le pregunta el precio. |
| 9. Le da el precio de la media pensión. | 10. Prefiere solo alojamiento y desayuno. |
| 11. Insiste en que es una oferta. | 12. Pregunta qué incluye la media pensión. |
| 13. Le responde. | 14. Acepta. |
| 15. Pregunta a nombre de quién hace la reserva. | 16. Responde. |
| 17. Confirma la reserva y se despide. | 18. Se despide. |

## DESCRIPCIÓN Y VALORACIÓN (Textbook p. 172)

**6.6** Coloca las expresiones de valoración en la casilla correspondiente.

**a.** ¿Qué te pareció la nueva película de Julio Medem?

> **normal • estupenda • ni fu ni fa • fantástica • un churro • así así • aburridísima • horrible • increíble • muy mala • genial**

| 😃 | 😟 | 🙁 |
|---|---|---|
| | | |

**b.** ¿Cómo te la pasaste en la fiesta?

> **de pelos • regular • de perros • ni fu ni fa • horrible • muy chévere • fatal • de película • muy bien • más o menos • de miedo**

| 😃 | 😟 | 🙁 |
|---|---|---|
| | | |

### ACTIVIDADES DE OCIO

**6.7** Aquí tienes diferentes actividades de ocio. Clasifícalas según el cuadro. Si no conoces las palabras, pregunta a tus compañeros o búscalas en el diccionario.

- jugar a las cartas
- hacer caminatas
- cultivar plantas
- volar parapente
- jugar basquetbol
- montar a caballo

- jugar al timbiriche
- escalar
- jugar al ajedrez
- restaurar muebles
- montar en globo
- pintar

- hacer manualidades
- bucear
- patinar
- esquiar
- jugar al parchís

| Actividades al aire libre | Juegos de mesa | Manualidades |
|---|---|---|
|  |  |  |

**6.8** Tienes dos minutos para ampliar la lista con todas las actividades de ocio que puedas recordar. Después, haz una puesta en común con los compañeros.

**6.9** Ahora, escribe cinco actividades que no has hecho nunca. Después, busca por la clase compañeros que sí las han realizado y pregunta cuándo ha sido la última vez.

| Mis actividades | Mi compañero… | Mi compañero… |
|---|---|---|
| 1. | 1. | 1. |
| 2. | 2. | 2. |
| 3. | 3. | 3. |
| 4. | 4. | 4. |
| 5. | 5. | 5. |

**6.10** Escribe un correo electrónico a un/a amigo/a para contarle cuáles son tus planes para este verano.

En el texto deberás hablar sobre:
- Qué actividades vas a hacer.
- Dónde irás y con quién.

## 1. EL PRESENTE PERFECTO (Textbook pp.179-181)

**6.11** Mira las fotos y lee la introducción. ¿A quién se refieren las frases? Indica si es a Alejandro (A) o a José (J).

Alejandro y José nacieron el mismo día en la misma ciudad, pero sus vidas han sido totalmente diferentes.

Alejandro ha tenido una buena educación y muchas oportunidades.

José ha tenido poca educación y pocas oportunidades.

| | A | J |
|---|---|---|
| **a.** Ha viajado mucho por toda América y ha ido tres veces a Europa. | ☐ | ☐ |
| **b.** Ha asaltado varias tiendas y ha estado tres veces en la cárcel. | ☐ | ☐ |
| **c.** Algunas de sus novelas las ha terminado en dos meses. | ☐ | ☐ |
| **d.** Está casado con una pintora. No han tenido hijos. | ☐ | ☐ |
| **e.** Ha hecho mucho dinero pero lo ha perdido. | ☐ | ☐ |
| **f.** Siempre ha estudiado mucho. Se graduó en Ciencias de la Comunicación y en Filosofía. | ☐ | ☐ |
| **g.** Ha escrito cinco novelas de detectives que se han vendido bien. | ☐ | ☐ |
| **h.** Ha ganado mucho dinero y le han dado un premio nacional de Literatura. | ☐ | ☐ |
| **i.** Jamás ha estado fuera de EE.UU. | ☐ | ☐ |
| **j.** Ha tenido muy pocas oportunidades. | ☐ | ☐ |

**6.12** ¿Crees que las vidas de Alejandro y José han sido el resultado de su educación y oportunidades? ¿Por qué?

**6.13** Completa el cuadro con el presente perfecto.

| | HABLAR | COMER | VIVIR |
|---|---|---|---|
| Yo | he hablado | he comido | ☐ vivido |
| Tú | has hablado | ☐ comido | has vivido |
| Él/ella/usted | ☐ hablado | ha comido | ha vivido |
| Nosotros/as | hemos hablado | ☐ comido | hemos vivido |
| Vosotros/as | habéis hablado | habéis comido | ☐ vivido |
| Ellos/ellas/ustedes | ☐ hablado | han comido | han vivido |

**6.14** Aquí tienes algunos participios irregulares. Escribe el infinitivo al lado de cada uno.

poner • decir • romper • freír • hacer • escribir • volver • ver

**a.** puesto ............................
**c.** escrito ............................
**e.** visto ............................
**g.** dicho ............................

**b.** vuelto ............................
**d.** roto ............................
**f.** frito ............................
**h.** hecho ............................

---

**EXPANSIÓN GRAMATICAL: USOS DEL PRESENTE PERFECTO**

- Hechos pasados que tienen conexión con el presente.

- Acciones/experiencias que (no) han sucedido (o lo han hecho varias veces) –no importa cuándo– y que pueden (volver a) ocurrir:

    – *José jamás ha estado fuera de EE.UU. (¿Va a viajar en el futuro?)*

    – *Alejandro ha escrito cinco novelas. (¿Cuándo? No importa. Pero está escribiendo otra.)*

Algunas expresiones de tiempo que, generalmente, acompañan al presente perfecto para hablar de experiencias son:

*Últimamente, de un tiempo a la fecha, siempre, toda mi/tu/su vida, muchas veces, varias veces, algunas veces, n.º de veces, ni una vez, nunca, en la vida, jamás.*

- Acciones con expresiones de tiempo que hacen referencia a un pasado reciente: *hoy, este mes, este año, esta semana, hace un rato.*

    – *Este mes he trabajado más que el mes pasado.*

En el Cono Sur se usa mucho menos el presente perfecto. En España, este uso es más abundante.

---

**6.15** **Completa el siguiente texto con las formas correctas del presente perfecto.**

•••➤Querido Mario:

¿Cómo estás? Ya sabes que estoy haciendo un viaje por el Estado de Guanajuato con Clara. Llevamos cuatro días en Guanajuato, que es una ciudad preciosa y, la verdad, nos la estamos pasando de maravilla aunque (1) ...................... (tener, nosotros) algunos problemas últimamente. Estamos hospedados en un hotel del centro de la ciudad bastante barato y, hasta hoy, (2) ...................... (salir, nosotros) casi todas las noches a callejear, y (3) ...................... (bailar, nosotros) mucho, hay mucho ambiente y los antros cierran tarde, a las tres o las cuatro, así que (4) ...................... (dormir, nosotros) muy poco, pues (5) ...................... (acostarse, nosotros) en la madrugada. Fue muy divertido.

Ya (6) ...................... (ver, nosotros) La Alhóndiga, que es preciosa, aunque está llena de turistas pero todavía no (7) ...................... (entrar, nosotros) a ver las momias que dijeron que son interesantísimas, pero es que no (8) ...................... (tener, nosotros) tiempo porque (9) ...................... (conocer, nosotros) a muchos guanajuatenses simpatiquísimos que nos (10) ...................... (llevar, ellos) varias veces a los mejores lugares de la ciudad. Aquí cocinan muy bien y creo que últimamente (11) ...................... (engordar, yo) dos kilos porque no (12) ...................... (parar, yo) de comer. A partir de hoy estoy a dieta.

Hoy, sin embargo, (13) ...................... (ser, él) un día terrible, nos (14) ...................... (pasar, él) de todo: primero (15) ...................... (desayunar, nosotros) en una terraza y me (16) ...................... (robar, ellos) la mochila con mi documentación y mi tarjeta de crédito; (17) ...................... (ir, nosotros) a la estación de policía y (18) ...................... (poner, yo) una denuncia; más tarde (19) ...................... (ir, nosotros) a pasear por el Callejón del Beso y dos hombres nos (20) ...................... (asaltar, ellos) y Clara les (21) ...................... (dar, ella) los cien dólares que teníamos y, por último, (22) ...................... (perder, ella) las llaves del carro. Así que estamos pobres como las ratas y sin poder salir de la ciudad en un par de días, pero no te preocupes porque todo se va a solucionar. Y tú, ¿qué (23) ...................... (hacer, tú) últimamente? Nos vemos muy pronto.

Un abrazo,

Darío

## 2. PRONOMBRES DE OBJETO DIRECTO E INDIRECTO (Textbook pp. 181-183)

**6.16** Estos son los elementos principales que aparecen en las novelas de Alejandro. Relaciona las imágenes con las frases.

**1.** Asesino

**2.** Cuchillo

**3.** Criminal

**4.** Víctimas

**5.** Policías

**6.** Caja fuerte

**7.** Ventana

**8.** Correspondencia

**9.** Viuda

**10.** Cadáveres

**11.** Huellas

**12.** Dinero

**13.** Cómplice

**14.** Testigo

**15.** Vidrios

**16.** Ladrón

**a.** Muchas veces **las** ha roto de un golpe y **las** ha abierto de par en par.

**b.** Las esposas **les** han informado sobre los ataques a sus maridos.

**c.** Generalmente **las** han tomado con mucho cuidado.

**d.** A veces **los** ha pisado y ha hecho mucho ruido.

**e.** El asesino siempre **le** ha pedido ayuda para escapar.

**f.** Siempre **le** han pedido la descripción del ladrón.

**g.** El ladrón siempre **las** ha atacado con un cuchillo.

**h.** El asesino siempre **lo** ha dejado junto a la víctima.

**i.** Siempre **les** han practicado la autopsia.

**j.** Siempre **las** ha abierto.

**k.** Hasta ahorita no **lo** han descubierto.

**l.** **Lo** ha robado.

**m.** Nunca **lo** han descubierto en sus robos.

**n.** La policía siempre **las** ha tranquilizado.

**ñ.** Muchas víctimas **lo** han visto antes de morir.

**o.** Siempre que ha encontrado una, **la** ha abierto.

**6.17** ¿Cuáles de los pronombres anteriores son de objeto directo? Completa la tabla.

| Pronombres sujeto | Pronombres de objeto directo |
|---|---|
| Yo | me |
| Tú | te |
| Él/Ella/Usted | |
| Nosotros/as | nos |
| Vosotros/as | os |
| Ellos/Ellas/Ustedes | |

**6.18** Ves que hay otros pronombres que aparecieron. ¿Cuáles son? Completa la tabla.

| Pronombres sujeto | Pronombres de objeto indirecto |
|---|---|
| Yo | me |
| Tú | te |
| Él/Ella/Usted | |
| Nosotros/as | nos |
| Vosotros/as | os |
| Ellos/Ellas/Ustedes | |

---

**EXPANSIÓN GRAMATICAL: USO DE LOS PRONOMBRES**

Los pronombres se refieren a algo ya mencionado en otro momento. Pueden ser de objeto directo e indirecto.

- Los de objeto directo se pueden referir a personas, cosas o acciones:
  – *Ya he leído* <u>el libro</u>, *pero todavía no* **lo** *he devuelto a la biblioteca.*

- Los pronombres de objeto indirecto se refieren generalmente a personas:
  – *Todavía no* **me** *ha dado las gracias.*

---

**6.19** **Relaciona.**

1. Me la ha dicho siempre.
2. Lo queremos mucho.
3. Dáselas a Maite de mi parte.
4. Se lo quiere quitar.
5. Dásela.
6. Hazlas.
7. Estoy preparándola.

a. La comida.
b. El juguete a su hermano.
c. La verdad.
d. Las maletas.
e. Las gracias a ella.
f. La pluma a Jesús.
g. Al niño.

---

**EXPANSIÓN GRAMATICAL: POSICIÓN DE LOS PRONOMBRES DE OBJETO DIRECTO E INDIRECTO**

- Los pronombres de objeto directo e indirecto aparecen delante del verbo conjugado, pero detrás de infinitivo, gerundio e imperativo afirmativo.

- Cuando aparecen dos pronombres objetos juntos, el de objeto directo se coloca delante del de objeto indirecto:
  – *¿Quieres comprár**melo**? / ¿**Me lo** compras?*

- Los pronombres de objeto indirecto **le** y **les** cambian a **se** cuando van delante de los pronombres de objeto directo **lo**, **la**, **los** y **las**:
  – *¿Puedes darle el libro a tu profesor? ¿Puedes dár**selo**? / ¿**Se lo** puedes dar?*

---

**6.20** **Responde a las siguientes preguntas con *ya* o *todavía no*. Sustituye el objeto por el pronombre cuando sea necesario.**

Modelo: *¿Ya visitaste el Museo Tamayo? No, todavía no lo he visitado. / No, no lo he visitado. / Sí, ya lo visité.*

a. ➤ ¿Ya probaste las lentejas que trajo María?
  ▷ No, ................................................................ .

b. ➤ ¿Ya regaste las plantas?
  ▷ Sí, ................................................................ .

c. ➤ ¿Ya le hablaste a tu mamá?
  ▷ Sí, ................................................................ .

d. ➤ ¿Ya hizo Pedro la tarea?
  ▷ Sí, ................................................................ .

**6.21** **Completa con los pronombres de objeto adecuados.**

a. ➤ ¿Le devolviste las llaves a Ana?
  ▷ No, todavía no ............ ............ devolví.

b. ➤ ¿Me has comprado lo que te pedí?
  ▷ Sí, ya ............ ............ compré.

c. ➤ ¿Encontraste el libro de Juan?
  ▷ No, no ............ encontré.

d. ➤ ¿Nos trajeron el informe?
  ▷ Sí, ............ ............ trajeron.

## 3. EL SUPERLATIVO (Textbook p. 173)

• El **superlativo relativo** indica la superioridad o inferioridad en relación a otro elemento del mismo grupo:

**el/la/los/las** + (sustantivo) + **más/menos** + adjetivo + [ **de** + sustantivo
**que** + verbo

– *Sonia es la (estudiante) más/menos trabajadora de la clase/que conozco.*

• El **superlativo absoluto** expresa la idea de extremo:
adjetivo masculino singular / adverbio + **–ísimo/a/os/as**
– *Enrique es buenísimo.*

---

**EXPANSIÓN GRAMATICAL: FORMACIÓN DEL SUPERLATIVO ABSOLUTO**

• Adjetivos y adverbios que terminan en vocal: se sustituye la vocal final por **–ísimo**:
   últim**-o** ➡ ultim**-ísimo**        grand**-e** ➡ grand**-ísimo**

• Adjetivos y adverbios que terminan en consonante: se añade **–ísimo**:
   fáci**l** ➡ facil**ísimo**        difíci**l** ➡ dificil**ísimo**

• Adverbios que terminan en **–mente**: se añade –*ísima* a la raíz del adjetivo y –*mente*:
   rápidamente ➡ rapid- ➡ rapid**ísima**mente

**Superlativos irregulares**:

   bueno/bien ➡ óptimo/a        malo/mal ➡ pésimo/a        grande ➡ máximo/a
   pequeño/a ➡ mínimo/a        alto/a ➡ supremo/a        bajo/a ➡ ínfimo

---

**6.22** **Lee estos textos y termina las frases que aparecen debajo.**

Madrid

Cádiz

1. Madrid es la capital europea con mayor altura por encima del nivel del mar y su casco antiguo es único en el mundo por ser enorme. Recibe más visitas que el resto de las ciudades españolas.
   **a.** Madrid es la capital ................. de Europa.
   **b.** El casco antiguo de Madrid es el ................. del mundo.
   **c.** Madrid es la ciudad ................. de España.

2. Dicen que Cádiz fue la primera ciudad de España y de Europa. Es muy famosa por sus extensas y visitadas playas. Casi todos los turistas eligen la de la Victoria porque es la más limpia y cuidada, por esta razón disfruta de tres banderas azules.
   **a.** Cádiz es la ciudad ................. de España y de Europa.
   **b.** La playa de la Victoria es el lugar que tiene ................. de Cádiz.
   **c.** La playa de la Victoria es la playa que tiene ................. azules.

**6.23** **Transforma las frases como en los ejemplos.**

Modelos: – En la familia de José no hay nadie más alto que él. José es el más alto de su familia.

– No conozco a nadie más egoísta que Ana. Ana es la persona más egoísta que conozco.

**a.** Nunca he visto un carro tan pequeño. ........................................................................

**b.** Compraste las naranjas más caras que hay en la frutería. ........................................................................

**c.** Nadie conoce ese camino en esta zona. ........................................................................

**d.** En clase de Patricia no hay nadie tan hablador como ella. ........................................................................

**e.** Es la primera vez que escucho una música tan extraña. ........................................................................

**f.** Casi nadie conoce esta playa de Cantabria. ........................................................................

**6.24** **Aquí tienes dos anuncios de carros de muy diferentes características. Léelos y subraya los adjetivos que hay.**

•••➤ Camioneta de grandes dimensiones con espacio para cinco o siete pasajeros, protege el medioambiente. De conducción suave y dinámica, confort y calidad, equipamiento de seguridad con siete airbags, protección para los más pequeños con asientos infantiles integrados.

•••➤ Automóvil superdeportivo, biplaza, con una potencia de 660 caballos, moderno y vanguardista, línea estética similar a la de un coche de Fórmula 1, en colores rojo y negro combinados en interior y exterior, caja de cambios de seis marchas y un original sistema de apertura de puertas.

**6.25** **A continuación, responde a las preguntas relacionadas con los dos textos, utilizando algunos de los siguientes adjetivos. Cuéntaselo a tu compañero.**

> cómodo • rápido • amplio • familiar • ecológico • peligroso • caro • moderno
> responsable • divertido • seguro • contaminante • práctico

**a.** ¿Cuál prefieres para ti? ¿Por qué? ........................................................................

**b.** ¿Cuál es el mejor? ¿Por qué? ........................................................................

**c.** ¿Cuál es el peor? ........................................................................

## LECTURA

■ **Antes de leer**

**6.26** **Antes de leer, contesta las preguntas.**

    **a.** ¿Cuáles son las plazas más importantes de tu ciudad?

    **b.** ¿Cuál es tu plaza favorita? ¿Por qué?

    **c.** ¿Hay un lugar en tu ciudad donde quedan los jóvenes?

> **ESTRATEGIA DE LECTURA: CONOCER PREVIAMENTE EL TEMA**
>
> Si cuando leemos un texto nos falta esa información previa, tendremos problemas para la comprensión. Estas actividades de prelectura ayudan a activar los conocimientos previos y te ayudarán a entenderlo mejor.

■ **Leer**

**6.27** **Lee el texto.**

### LA PUERTA DEL SOL: LUGAR DE ENCUENTROS

➡️ La Puerta del Sol fue en sus orígenes uno de los accesos a la muralla que rodeaba Madrid en el siglo XV. Dicen algunos que el nombre de la puerta proviene de un sol que adornaba la entrada. Otros dicen que porque el acceso estaba colocado en el lado este, por donde sale el sol. Quizá sea un misterio que nunca será resuelto.

Aunque desde los siglos XVII al XIX la puerta tenía importancia como lugar de encuentro (aquí Miguel de Cervantes, entre otros, pasaba el rato conversando e intercambiando opiniones en los escalones de San Felipe el Real, actualmente McDonald's), no era una plaza definida y ocupaba la mitad del espacio actual.

La Casa de Correos (1766-1768) es el edificio más antiguo que sobrevive y alrededor del cual se fue construyendo la plaza (ahora sede de la Presidencia de la Comunidad de Madrid), cuando se convirtió en Ministerio de Gobernación en 1847, y para ello se derribaron algunas construcciones para darle seguridad e importancia. Más tarde edificios de viviendas con fachadas uniformes definieron un espacio de forma semicircular. Otras reformas, cien años después, incorporaron en su centro una zona ajardinada y adquirió más importancia la zona peatonal. El último elemento añadido, en 1994, fue la estatua ecuestre de Carlos III.

También ha sido protagonista de importantes sucesos, por ejemplo: en 1875 brilló aquí la primera bombilla eléctrica pública de España, en 1897 empezó a dar servicio el primer tranvía eléctrico, y en 1919 empezó a circular la primera línea del metro de Madrid.

En la Puerta del Sol desembocan diez calles muy comerciales, a pesar de las restricciones de tráfico actuales y con muchas de estas calles convertidas ahora en vías peatonales, sigue siendo muy bulliciosa y un lugar de encuentro para los madrileños.

En 2009 se inauguró el intercambiador de transportes que une el tren de cercanías y el metro, convirtiendo esta estación en la más grande del mundo con 28 m de profundidad, 207 m de longitud y 20 m de ancho.

# D. DESTREZAS

## ■ Después de leer

**6.28** **Contesta.**

**a.** ¿Por qué la plaza se llama Puerta del Sol?

**b.** ¿Cómo un lugar de encuentro se convierte en plaza?

**c.** Cita tres sucesos históricos importantes que tuvieron lugar en la plaza.

**d.** ¿Existe actualmente el edificio donde se encontraban algunos escritores en el siglo XVII?

**e.** ¿Dónde quedan los madrileños actualmente?

**f.** ¿Cuántas calles salen de la plaza y qué características tienen?

**g.** ¿Por qué es importante el nuevo intercambiador de transportes?

## ESCRITURA

## ■ Antes de escribir

**6.29** **Vas a escribir un correo sobre tu experiencia en los viajes. Anota las ideas que quieres tratar y organízalas en tu cuaderno.**

### Estrategia de escritura: Organizar las ideas

A la hora de escribir un texto, es muy importante que dediques un tiempo a buscar las ideas que quieres tratar y las anotes en un borrador. Luego, organiza las ideas según un orden: introducción, desarrollo y conclusión.

## ■ Escribir

**6.30** **Escribe un correo a un amigo para contarle tu experiencia en los viajes.**

en el texto debes hablar sobre:

- con quién has ido de viaje muchas veces;
- en qué medio de transporte no has viajado nunca;
- dónde te sueles hospedar;
- qué has visto y qué todavía no has hecho.

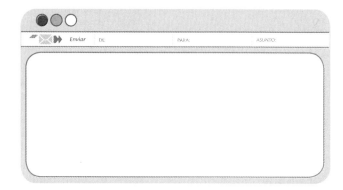

## ■ Después de escribir

**6.31** **Revisa los siguientes aspectos de tu correo electrónico:**
- La ortografía.
- Lee el texto y comprueba que aparecen todas las ideas de una forma organizada.
- Léelo en voz alta para practicar la pronunciación.

## D. DESTREZAS

## DISCURSO

**6.32** **Habla sobre lo que te gusta hacer en tu tiempo libre.**

- En qué consiste la actividad.
- Cuándo la practicas y por qué.
- Dónde la prácticas.
- Con quién la practicas.
- Qué tal te la pasaste.

### ESTRATEGIA DE PRESENTACIÓN ORAL: AUTOCORREGIRSE

Cuando estás haciendo la presentación, es importante autocorregirse a medida que vas hablando. Si ves que te faltan palabras, solicita colaboración a tu interlocutor o recurre a los gestos.

## FONÉTICA Y ORTOGRAFÍA

■ **Las letras *j* y *g***

**6.33** 🎧 **16** **Escucha la pronunciación de las siguientes palabras y completa el cuadro.**

> general • jabalí • ajo • girar • jubilarse • agua • agosto • guisante • página

**SONIDO /j/**

- g + e, i: **ge**nte, **gi**rasol
- j + a, ,e, i, o, u: **ja**món, **je**fe, **ji**rafa, **jo**ven, **ju**eves

**SONIDO /g/**

- g + a, o, u: **ga**lleta, **go**rdo, **gua**po
- gu + e, i: Mi**gue**l, **gui**tarra

**6.34** **Completa con *g* o *j*.**

**a.** con............unto
**b.** deba............o
**c.** corre............ir

**d.** empu............ar
**e.** ............igante
**f.** inteli............ente

**g.** reco............er
**h.** ba............ar
**i.** relo............ería

**j.** prote............er
**k.** re............ión
**l.** ............oven

**6.35** **Completa con *g* o *gu*.**

**a.** ............epardo
**b.** ele............ante
**c.** á............ila

**d.** ............apo
**e.** espa............etis
**f.** hambur............esa

**g.** ............omina
**h.** ............irnalda
**i.** ............orro

**j.** ............asolina
**k.** len............a
**l.** ............atemala

**6.36** **Corrige los errores de las frases.**

**a.** Mi amija Gosefa es muy simpática. ............................................................................
**b.** El jarrón de Rosa es rogo. ............................................................................
**c.** Mi escuela está legísimo de la casa de mis abuelos. ............................................................................
**d.** Jaime siempre nos gana en los videojuegos. ............................................................................

# E. CULTURA

## CENTROAMÉRICA Y LA ANTIGUA CIVILIZACIÓN MAYA

**6.37** ¿Estás familiarizado con Centroamérica? Observa el mapa y coloca las capitales en sus respectivos países.

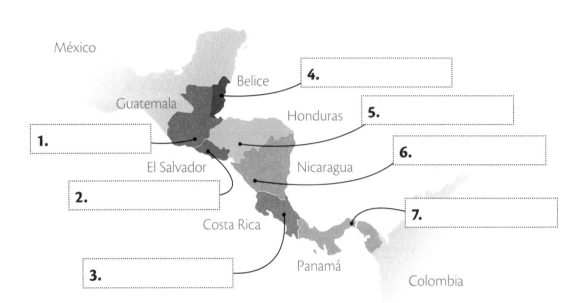

México

Guatemala

Belice

**4.** _____

Honduras

**5.** _____

**1.** _____

El Salvador

**6.** _____

Nicaragua

**2.** _____

Costa Rica

**7.** _____

**3.** _____

Panamá

Colombia

- Managua
- San José
- Panamá
- San Salvador
- Belmopán
- Tegucigalpa
- Ciudad de Guatemala

**6.38** **Lee el texto y comprueba.**

•••➤ Centroamérica, también llamada América Central, es el subcontinente que une América del Norte con América del Sur. El océano Pacífico baña la costa oeste y el océano Atlántico la este y se divide en siete países independientes con sus correspondientes capitales: Guatemala (Ciudad de Guatemala), Belice (Belmopán), Honduras (Tegucigalpa), El Salvador (San Salvador), Nicaragua (Managua), Costa Rica (San José) y Panamá (Panamá). De estos países, todos tienen el español como lengua oficial y mayoritaria, excepto Belice que es un país angloparlante con el inglés como lengua oficial. Sin embargo, también sobreviven muchas familias de lenguas prehispánicas o indígenas, siendo el maya una de las más extendidas. Centroamérica es una región montañosa y uno de los grandes ejes volcánicos de la tierra que cuenta con unos sesenta volcanes en el interior (casi todos apagados) y treinta y uno sobre la costa del Pacífico (casi todos activos). Tanto en la vertiente atlántica como pacífica, los ríos son cortos debido a la geografía ístmica de la zona. Muchos de ellos funcionan como fronteras entre países como el río Coco, entre Honduras y Nicaragua, o el río Siaxola, entre Costa Rica y Panamá. En el punto más estrecho del istmo de Panamá, exactamente entre el mar Caribe y el océano Pacífico se encuentra el Canal de Panamá, un canal de navegación y pesca, que facilita el transporte marítimo entre los dos océanos.

**6.39** **Responde ahora a las preguntas.**

**a.** ¿Qué océano baña la costa este de Centroamérica?

**b.** ¿En qué país de Centroamérica no se habla español?

**c.** ¿Qué otra lengua aparte del español sobrevive en esta zona?

**d.** ¿Cuántos volcanes hay en activo en esta región?

**e.** ¿En qué costa están?

**f.** ¿Entre qué países hace frontera el río Coco?

Guatemala

Honduras

Panamá

# E. CULTURA

**6.40** La lengua maya que sobrevive en esta zona es una de las herencias de la antigua civilización del mismo nombre que habitó en esta zona. Lee las siguientes afirmaciones sobre los mayas. ¿Crees que son verdaderas (V) o falsas (F)? Márcalas.

|   | V | F |
|---|---|---|
| **a.** La civilización maya tiene una historia de unos 3.000 años. | ☐ | ☐ |
| **b.** Los mayas hablaban una única lengua. | ☐ | ☐ |
| **c.** Estaban organizados en ciudades-estado. | ☐ | ☐ |
| **d.** Tenían un sistema de escritura muy completo con el que elaboraron textos complejos. | ☐ | ☐ |
| **e.** Sus años se dividían en 12 meses de 30 días. | ☐ | ☐ |
| **f.** Su economía estaba basada en la agricultura con cultivos como el cacao o el maíz. | ☐ | ☐ |

**6.41** 🎧 **17** Escucha a este historiador que habla sobre la civilización maya y comprueba tus respuestas.

**6.42** 🎧 **17** Vuelve a escuchar al historiador y completa esta ficha sobre la civilización maya.

- **ANTIGÜEDAD:** 3.000 años.
- **EXTENSIÓN:** Suroeste de México, Belice, ...................., Honduras y ....................
- **ORGANIZACIÓN:** En ciudades-estado.
- **CONSTRUCCIONES TÍPICAS:** Palacios, calzadas, .................... y templos.
- **CONSTRUCCIONES CONSERVADAS:** Templo de las Máscaras (700 d. C), situado en ....................
- **LOGROS:**
  1. Creación de un sistema de escritura muy completo con el que escribieron sobre astronomía, botánica, matemáticas y ....................
  2. Redacción del .................... que se encuentra en el Museo de América España.
  3. Elaboración de un calendario con un año solar de ............... días: ............... meses y ............... días cada uno.

**6.43** Busca más información en Internet e imagina cómo era la vida cotidiana de los mayas. Escribe un pequeño texto.

# ¡QUÉ CURIOSO!

## A. VOCABULARIO

**EL TIEMPO LIBRE** (Textbook p. 204)

**7.1** Estas personas están de vacaciones desde hace unos días. ¿Dónde están? ¿Qué crees que hicieron? ¿Qué están haciendo ahora? ¿Cómo se la están pasando?

**7.2** Ahora, escribe cinco actividades que no has hecho nunca. Después, busca por la clase compañeros que sí las han realizado y pregunta cuándo fue la última vez. Escribe sus nombres, la actividad y cuándo la hicieron.

**7.3** 🎧 18 Escucha el diálogo y anota las actividades que se mencionan.

|  | 1. Jugar al ajedrez | 2. | 3. | 4. | 5. | 6. |
|---|---|---|---|---|---|---|
| Adolfo | nunca |  |  |  |  |  |
| Carmen |  |  |  |  |  |  |
| Andrés |  |  |  |  |  |  |

**7.4** 🎧 18 Escucha de nuevo y anota en el ejercicio anterior la frecuencia con que cada uno de los personajes realiza esas actividades.

**7.5** ¿Qué sabes de las redes sociales? ¿Son útiles? ¿Cuál o cuáles utilizas?

**7.6** 🎧 19 Vas a escuchar una información estadística sobre el uso de las diferentes redes sociales en el mundo. Escucha y completa la tabla. ¿Cuál es el uso de estas redes en tu país?

|  | Red social | | | |
|---|---|---|---|---|
|  |  |  |  |  |
| Número de usuarios en el mundo |  |  |  |  |
| Número de usuarios en España |  |  |  |  |

# A. VOCABULARIO

## ACTIVIDADES SOLIDARIAS (Textbook p. 205)

**7.7** Observa las imágenes. Son las fotos de una investigadora, un cantante y un futbolista. ¿Qué crees que tienen en común? ¿A qué crees que se dedica la fundación Dame Vida? Habla con tus compañeros.

**7.8** 🎧 **20** Escucha el texto de la fundación Dame Vida y comprueba tus respuestas anteriores.

**7.9** 🎧 **20** Escucha de nuevo y completa estas frases extraídas de la audición.

**a.** ......................, regalando balones que dan luz, envías tres mensajes en uno a esos niños.

**b.** ¿...................... eso te molestó?

**c.** ...................... no me molestó en absoluto.

**d.** Quiero dar las gracias especialmente a Müller, Lahm, David Villa, Reina, Sergio Ramos, Kun Agüero y Pau Gasol pues, además de colaborar, se atrevieron a cantar ......................

**7.10** Vas a conocer una ONG de deportistas solidarios. Sigue las pautas.

**1.** Consulta la siguiente página web: http://www.deportistassolidarios.org/

**2.** Recopila información sobre la iniciativa, qué es, quién colabora, qué pretenden conseguir, qué tipo de acciones proponen.

**3.** Escribe un texto presentando la iniciativa.

**7.11** ¿Conoces otras ONG que realizan proyectos similares? ¿Cuáles son sus objetivos? ¿Has participado alguna vez en sus campañas? ¿Te parecen útiles estas iniciativas?

**7.12** Lee los siguientes textos y di si las siguientes afirmaciones son verdaderas (V) o falsas (F).

### EL SECRETO DE LOS PETA ZETAS

•••▶ Sus ingredientes son los mismos que los de las chucherías tradicionales: azúcar, saborizantes, colorantes y aromas. Sin embargo, hay algo que los hace muy especiales: los Peta Zetas "explotan" cuando te los comes, a diferencia de los caramelos tradicionales. El secreto: burbujas de $CO_2$. ¡Ahora sí están listos para comer!

Creados por William Mitchell (que fue científico gastronómico) en 1956 y vendidos por todo el mundo por Zeta Espacial. La empresa que los fabrica es española y está en Barcelona.

En los últimos años, la cocina de vanguardia ha sabido aprovechar este tipo de caramelo para renovarse. Tanto es así, que Ferrán Adriá está desarrollando recetas para incorporar los Peta Zetas en sus platos.

Texto adaptado de: http://www.muyinteresante.es/innovacion/alimentacion/articulo/el-secreto-de-los-peta-zetas-es-el-co2

### TRES RAZONES PARA TOMAR EL SOL

•••▶ Estamos en verano y no hay nada mejor que hacer que irnos a la playa a tomar el sol. ¿Por qué? A continuación vas a conocer tres beneficios que te van a hacer pasar más tiempo al sol:

– El sol es la principal fuente para la producción de vitamina D, que combate la somnolencia diurna, reduce los síntomas de la depresión, fortalece los músculos y ayuda a absorber el calcio.

– Tomar el sol reduce las probabilidades de padecer cáncer.

– El sol a mediodía es bueno para la salud. Lo ideal, según los investigadores, es tomar el sol sin protección, durante un máximo de ocho minutos, si son las doce del mediodía y el cielo está despejado.

Texto adaptado de:
http://www.muyinteresante.es/salud/articulo/cuatro-razones-saludables-para-tomar-el-sol-911366202013

|  | V | F |
|---|---|---|
| **a.** El secreto de los Peta Zetas es la adecuada combinación de azúcar y saborizantes. | ☐ | ☐ |
| **b.** La cocina de vanguardia está incorporando los Peta Zetas a sus platos. | ☐ | ☐ |
| **c.** Si tomamos el sol, nuestro cuerpo fabrica vitamina D. | ☐ | ☐ |
| **d.** Tomar el sol a las 15:00h, durante un mínimo de 8 minutos es muy bueno para la salud. | ☐ | ☐ |

## B. AMPLIACIÓN DE VOCABULARIO

### OCIO Y TIEMPO LIBRE

**7.13** **Relaciona.**

1. ⬜ escuchar música/el radio/una canción
2. ⬜ ir de paseo/de excursión
3. ⬜ tomar algo/un café
4. ⬜ ver la televisión/una película
5. ⬜ ir a un restaurante
6. ⬜ chatear
7. ⬜ leer un libro/el periódico/una revista
8. ⬜ ir al cine/al teatro/al museo/a un musical
9. ⬜ ir a un concierto/a una discoteca
10. ⬜ tocar un instrumento
11. ⬜ jugar a la videoconsola
12. ⬜ ir a un bar/ir de copas

**a.**

**b.**

**c.**

**d.**

**e.**

**f.**

**g.**

**h.**

**i.**

**j.**

**k.**

**l.**

### ACTIVIDADES SOLIDARIAS

**7.14** **Piensa en diferentes actividades que puedes hacer como voluntario en una ONG usando los siguientes verbos.**

**a.** Proteger

**b.** Plantar

**c.** Cuidar

**d.** Construir

**e.** Salvar

**f.** Ayudar

**g.** Combatir

**h.** Reducir

**7.15** **Ahora elige una de las actividades anteriores y escribe qué cosas se pueden hacer para recaudar dinero.**

.................................................................................................................................................................

.................................................................................................................................................................

### 1. CONTRASTE IMPERFECTO Y PRETÉRITO (Textbook pp. 207-208)

**7.16** **Lee el siguiente texto. ¿Crees que todo fue fruto de la casualidad?**

**EL HOMBRE QUE SOBREVIVIÓ A 5 RAYOS**

••▶ Las posibilidades de ser alcanzado por un rayo son muy escasas; las oportunidades de que esto se repita (en días diferentes) es aparentemente imposible; entonces, ¿qué probabilidades hay de ser golpeado por un rayo cinco veces? ¿Es pura casualidad? Para Roy Sullivan, los acontecimientos sucedieron de la siguiente manera:

1942 – El primer rayo golpeó a Sullivan en una pierna y perdió la uña del dedo gordo del pie.

1969 – El segundo le dejó inconsciente y le quemó las cejas.

1970 – El tercer rayo le quemó el hombro izquierdo.

1972 – El siguiente le quemó el pelo.

1977 – En el quinto y último, Sullivan fue hospitalizado por quemaduras en el pecho y el estómago.

Sus sombreros quemados se muestran en la galería Guinness de Carolina del Sur y Nueva York.

**7.17** 🎧 **21** **Ahora escucha la noticia para saber en qué circunstancias le ocurrieron estos accidentes y completa la tabla.**

|  | Acontecimiento o acción | Circunstancia o contexto |
|---|---|---|
| 1942 | Le golpeó en una pierna y perdió una uña. | Se encontraba en el mirador. |
| 1969 |  |  |
| 1970 |  |  |
| 1972 |  |  |
| 1977 |  |  |

**7.18** **Lee la información y complétala analizando los ejemplos anteriores.**

- Para presentar las acciones y los acontecimientos se usa el (a) ......................:
  – *Cuando recibió su primera descarga eléctrica, el rayo le impactó en la pierna.*

- Para describir las circunstancias, los contextos, los escenarios… se utiliza el (b) ......................:
  – *Sullivan se encontraba en un mirador del Parque Nacional Shenandoah.*

- Para combinar acciones con circunstancias, contextos, escenarios… se utiliza el (c) ...................... y el (d) ......................:
  – *Sullivan se encontraba en un mirador del Parque Nacional Shenandoah cuando recibió la descarga del rayo.*

**7.19** **Fíjate también en las siguientes informaciones y en las circunstancias que las rodean, y conjuga los verbos.**

Oye, ¿sabes que Carmen se fue hace unos días a Japón?

**a.** (Querer) ........................ aprender japonés. (Necesitar) ........................ cambiar de aires porque (estar) ........................ cansada de Bogotá y allí, además, (tener) ........................ muchas posibilidades de empleo. (Estar) ........................ muy ilusionada.

¿Sabes? Luis dejó los estudios.

**b.** Es que no le (gustar) ........................ estudiar. (Reprobar) ........................ siempre los exámenes. (Preferir) ........................ trabajar, pero sus papás no le (dejar) .........................

¿Marta? Pues se divorció hace un año.

**c.** Su esposo (ser) ........................ muy aburrido y nunca (querer) ........................ salir, y además (estar) ........................ siempre en su oficina y apenas se (ver) .........................

¿Por qué ya no sales con Pepe?

**d.** Pues porque (ser, nosotros) ........................ demasiado diferentes y nunca nos (entender) ........................ A él le (gustar) ........................ estar siempre en la casa, yo (preferir) ........................ salir; él (odiar) ........................ viajar y yo (tener) ........................ que irme de vacaciones sola. En fin, que (ser) ........................ incompatibles.

¿Por qué vendiste aquel carro?

**e.** Porque no me (hacer) ........................ falta, (vivir) ........................ muy cerca de mi trabajo y (poder) ........................ ir caminando; además, la gasolina y el seguro (costar) ........................ mucho y yo entonces (ganar) ........................ muy poco.

**7.20** **Haz un poco de memoria y escribe las circunstancias que rodearon algunos hechos de tu vida. Aquí te hacemos unas sugerencias.**

- Cuando conociste a tu mejor amigo.
- Tu primer día de escuela o trabajo.
- Cuando sacaste la licencia (de manejo).
- Tu primer beso de amor.
- Tu primer viaje al extranjero.

Modelo: Cuando saqué la licencia, hacía mucho calor porque era verano y, además, teníamos que esperar en un jardín y había mucha gente antes que yo. Estaba muy nervioso y me dolía un poco la cabeza.

**7.21** **Ahora, transforma cada información que cuenta este personaje, en presente, de acuerdo con los marcadores temporales que tienes al lado.**

**a.** Cuando me levanto son las ocho. *Hoy en la mañana...*

**b.** No te hablo porque no tengo la agenda y no sé a quién pedirle tu número. *Esta semana...*

**c.** Al final vamos de vacaciones a Montepío porque es más barato y hay menos gente. *El verano pasado...*

**d.** Juan no va a la fiesta porque le duele una muela. *Este fin de semana...*

---

### EXPANSIÓN GRAMATICAL: IMPERFECTO DEL VERBO *ESTAR* + GERUNDIO

Podemos expresar las circunstancias que rodearon unos hechos usando la forma del **imperfecto** del verbo ***estar*** + **gerundio**. Esas circunstancias incluyen acciones que fueron interrumpidas:

– *Estaba conduciendo cuando se cruzó una moto.*

(La acción de conducir es interrumpida por el cruce de la moto).

---

**7.22** **Aquí tienes tres noticias más. Conjuga los verbos según la información que aportan, narración o descripción.**

Noticias

#### VALIOSO CUADRO ROBADO EN UNA IGLESIA

Ayer, a las once de la mañana, (1) ................... (desaparecer) de la iglesia donde (2) ................... (encontrarse) expuesto un cuadro firmado por un discípulo de Caravaggio. Según el párroco, cuando (3) ................... (producirse) el robo, en la iglesia (4) ................... (haber) decenas de personas porque se (5) ................... (estar) celebrando la misa, así que la policía no se explica por qué nadie (6) ................... (poder) ver nada si el cuadro (7) ................... (estar) en una capilla próxima al altar.

Noticias

#### PSICÓLOGOS PARA ANIMALES

El pasado día 23 (1) ................... (graduarse) la primera generación de psicólogos para animales. Los recién graduados (2) ................... (estudiar) durante cuatro años el comportamiento de distintas especies. En los laboratorios de la facultad (3) ................... (haber) tarántulas que (4) ................... (estar) deprimidas, gallinas que (5) ................... (sufrir) insomnio, e incluso, una serpiente que (6) ................... (mostrar) síntomas de paranoia. No obstante, los estudiantes nos (7) ................... (informar) de que (8) ................... (estar) más preparados para tratar a perros y gatos, que (9) ................... (parecerse) más a las personas.

Noticias

#### EL BLACK FRIDAY

Ayer (1) ................... (ser) el Black Friday. Centenares de personas (2) ................... (esperar) durante horas ante las puertas de los centros comerciales la hora de apertura, las diez; muchas, incluso, (3) ................... (pasar) la noche allí porque (4) ................... (querer) ser las primeras. Lo peor, según (5) ................... (comentar) algunos clientes, (6) ................... (ser) que (7) ................... (hacer) mucho frío y que después, en las tiendas, no se (8) ................... (poder) ni andar porque (9) ................... (haber) demasiada gente. Además, los productos interesantes (10) ................... (desaparecer) enseguida y luego solo (11) ................... (quedar) lo que nadie (12) ................... (querer).

**7.23** 🎧 **22** **Escucha los encabezados de estas tres noticias y escríbelos en su columna correspondiente.**

| | Encabezado | Circunstancias | Hechos |
|---|---|---|---|
| 1. | | | |
| 2. | | | |
| 3. | | | |

**7.24** 🎧 **23** A continuación, relaciona las noticias que vas a escuchar con los encabezados y escríbelas en la columna correspondiente del ejercicio anterior, pero ¡ojo!, primero escucharás solo algunas circunstancias que rodearon los hechos, así que toma nota debajo de *Circunstancias*.

**7.25** 🎧 **24** Finalmente vas a oír la narración de los hechos; haz lo mismo que antes, pero esta vez toma nota debajo de *Hechos*.

**7.26** Y, por último, ¿por qué no escribes las noticias? Aquí tienes algunos encabezados, pero puedes imaginar otros.

| Noticias | Noticias | Noticias | Noticias |
|---|---|---|---|
| **LA ONU PROHÍBE EL ESTUDIO DE LA GRAMÁTICA** | **TODO EL PAÍS ESTUVO 24 HORAS SIN TELEVISIÓN** | **NADIE VIO LA FINAL DEL MUNDIAL** | **KEN SE DEPRIMIÓ TRAS LA BODA DE BARBIE** |
| El pasado día 14... | Ayer... | Anoche... | El domingo pasado... |

**7.27** 🎧 **25** Ahora vas a oír otras noticias, pero ¡atención! en estas hay muchos datos erróneos. Corrígelos.

**7.28** Seguro que conoces el cuento de una niña llamada *Caperucita Roja*. Léelo con atención y selecciona los verbos en pretérito o imperfecto, según corresponda.

•••► (1) **Había/hubo** una vez una niña que siempre (2) **llevaba/llevó** una caperuza de color rojo y, por eso, todos la (3) **conocían/conocieron** como Caperucita Roja. (4) **Tenía/Tuvo** una abuela que (5) **vivía/vivió** sola en una casita en el bosque. Un día que la abuela (6) **estaba/estuvo** enferma, la niña (7) **iba/fue** a llevarle una cesta con comida. Pero en mitad del camino, (8) **se encontraba/se encontró** con un lobo que le (9) **proponía/propuso** un juego: (10) **había/hubo** dos caminos para llegar a la casa, uno largo y otro corto, y cada uno (11) **tenía/tuvo** que ir por uno de los dos caminos para ver quién (12) **llegaba/llegó** antes. El lobo (13) **escogía/escogió** el camino más corto, por lo que (14) **llegaba/llegó** antes a la casa. (15) **Se hacía/Se hizo** pasar por la nieta y, así, (16) **podía/pudo** entrar en la casa. La abuela, cuando lo (17) **veía/vio**, (18) **se desmayaba/se desmayó** y él la (19) **escondía/escondió** en el armario.

Cuando la niña (20) **llegaba/llegó** a la casa, el lobo (21) **estaba/estuvo** en la cama y (22) **llevaba/llevó** la ropa de la abuela. Aunque la niña (23) **notaba/notó** algo raro en el aspecto de su abuela, no (24) **reconocía/reconoció** al lobo hasta que este la (25) **atacaba/atacó**.

Finalmente, la niña (26) **conseguía/consiguió** ahuyentar al lobo gracias a la ayuda de un cazador que (27) **pasaba/pasó** por allí. Ambos (28) **buscaban/buscaron** a la abuela y la (29) **encontraban/encontraron** en el armario con la boca tapada. (30) **Estaba/Estuvo** muy asustada, pero viva, así que (31) **celebraban/celebraron** el encuentro con alegría. Y colorín colorado, este cuento se ha acabado.

## 2. PRONOMBRES Y ADJETIVOS INDEFINIDOS (Textbook pp. 209-211)

| | Adjetivos indefinidos | | Pronombres indefinidos | |
| --- | --- | --- | --- | --- |
| | Afirmativo | Negativo | Afirmativo | Negativo |
| Singular | algún / alguna | ningún / ninguna | alguno / alguna | ninguno / ninguna |
| Plural | algunos / algunas | ningunos / ningunas | algunos / algunas | ningunos / ningunas |
| | | | algo (cosa) | nada (cosa) |
| | | | alguien (persona) | nadie (persona) |
| | | | algo de (parte de algo) | nada de (parte de algo) |

**7.29 Completa el diálogo con las siguientes palabras.**

> **nada • algún • alguna** (x2) • **algunos** (x2) • **ninguno • algo**

*En una farmacia.*

➤ *Buenos días. ¿Puedo ayudarle en* (a) ..................?

▷ *Sí, me gustaría ver* (b) .................. *cosa para regalar.*

➤ *¿Para dama o para caballero?*

▷ *Para caballero. ¿Tiene* (c) .................. *perfume de oferta?*

➤ *Sí, por supuesto. Tenemos* (d) .................. *en ese pasillo de ahí.*

▷ *¿Tiene un perfume que se llama "Madera"?*

➤ *No, no queda* (e) .................., *pero hay* (f) .................. *muy parecidos.*

▷ *Bien, me llevo este.*

➤ *Muy bien. ¿*(g) .................. *cosa más?*

▷ *No, gracias.* (h) .................. *más. ¿Cuánto es?*

➤ *Son 368 pesos.*

**7.30** 🎧 **26 Escucha el diálogo y comprueba.**

**7.31 Completa las siguientes frases usando *nadie, nada, alguien* y *algo*.**

a. ➤ ¿Quieres tomar ..................?

　▷ No, gracias, no quiero ...................

b. ➤ ¿Hay .................. en casa?

　▷ No, no veo a .................. y es extraño, porque Juan hace una hora que llamó por teléfono desde aquí.

c. ➤ Hay .................. que me preocupa.

　▷ ¿Qué dices?

　➤ .................., .................. pienso en voz alta.

d. ➤ ¿.................. sabe el subjuntivo en esta clase?

　▷ No, todavía ................... Vamos a estudiarlo más adelante.

**7.32 Completa las frases siguientes usando *algún, alguno, alguna, algunos, algunas* y *algo*.**

a. Tengo .............. libros que te van a gustar mucho.

b. ¿Necesitas ..................?

c. .................. muchachas de la clase van a ir de compras hoy.

d. ............ ejercicio ha quedado incompleto, lo siento.

e. Juana tiene .................. idea interesante sobre nuestro viaje.

f. .................. de ustedes me preocupa.

g. .................. lechugas hay que lavarlas bien.

h. Tengo .................. de dinero, pero no mucho.

i. .................. plátanos están malos, no se pueden comer.

j. .................. año voy a viajar a Yucatán.

## LECTURA

### ■ Antes de leer

**7.33** **Antes de leer el texto, fíjate en el título y piensa en lo que ya sabes del tema. Después, contesta las preguntas.**

a. ¿Sabes qué inventó Graham Bell?

b. ¿Conoces algún otro inventor famoso?

c. ¿Cuáles son los mejores inventos de la historia según tu opinión?

### ■ Leer

**7.34** **Lee el texto.**

> #### ESTRATEGIA DE LECTURA: SABER LEER
>
> Durante la lectura es necesario que vayas resumiendo el texto, formulando hipótesis y predicciones sobre el texto, releyendo las partes confusas, consultando el diccionario y creando imágenes mentales para visualizar la descripción.

### LA CURIOSA HISTORIA DE AMOR DE ALEXANDER GRAHAM BELL

Alexander Graham Bell pasó a la historia por ser el inventor del teléfono. Sin embargo, muy pocos conocen que detrás de su figura se esconde una desconocida y hermosa historia de amor.

Todo comenzó en 1875, cuando Bell, que tenía entonces 27 años, trabajaba como logopeda con personas con problemas de audición.

En ese periodo conoció a Mabel Gardiner Hubbard, una joven de 17 años que se quedó sorda a los cinco años, después de sufrir un fuerte ataque de fiebre escarlata. Cuando la vio, el inventor se enamoró de ella pero, al principio, fue un amor no correspondido.

Parece ser que Mabel opinaba que Alexander era solo "un tipo mal vestido y descuidado". Sin embargo, con el tiempo la joven se enamoró también de él.

Se casaron dos años después y tuvieron cuatro hijos, dos muchachas y dos muchachos, aunque estos últimos murieron a muy corta edad.

Después del matrimonio, el padre de Mabel se convirtió en el principal promotor de las investigaciones de Graham Bell, y Mabel, en una gran aventurera que acompañó a su marido en la mayoría de sus viajes.

Su amor creció a lo largo de los 45 años siguientes, hasta que murió el inventor, el 2 de agosto de 1922. Según cuentan las crónicas, poco antes de morir, Mabel tomó la mano de su esposo y le dijo: "No me abandones". Bell, que a causa de la enfermedad no podía hablar, le respondió en el lenguaje de signos con un simple "no". Fueron sus últimas palabras. Mabel Hubbard murió apenas cinco meses después que su esposo.

Adaptado de: http://www.abc.es/tecnologia/redes/20130408/abci-historia-amor-graham-bell-201304080905.html

# D. DESTREZAS

**7.35** **A continuación, responde las preguntas eligiendo la respuesta correcta (A, B o C).**

**1.** De joven, Graham Bell trabajaba con:

   **a.** ☐ inventos como el teléfono.

   **b.** ☐ personas que no podían hablar bien.

   **c.** ☐ personas que no podían oír bien.

**2.** Cuando Bell y Mabel se conocieron:

   **a.** ☐ se enamoraron rápidamente.

   **b.** ☐ a Mabel no le gustó mucho Bell porque le parecía poco elegante.

   **c.** ☐ a Mabel no le gustó mucho Bell porque no le parecía muy simpático.

**3.** La persona que más ayudó económicamente a Graham Bell con sus inventos fue:

   **a.** ☐ su cuñado.

   **b.** ☐ Mabel.

   **c.** ☐ su suegro.

**4.** En sus últimos días, Bell:

   **a.** ☐ no se podía comunicar.

   **b.** ☐ solo se podía comunicar por signos.

   **c.** ☐ pronunciaba muy pocas palabras.

## ESCRITURA

### ■ Antes de escribir

**7.36** **Antes de empezar a escribir, piensa en cómo te vas a dirigir a esta persona.**

   **a.** ¿Cuáles son algunas expresiones que puedes usar para empezar un correo electrónico dirigido a un amigo?

   **b.** ¿Qué cosas le quieres preguntar?

   **c.** ¿Qué expresiones puedes usar para despedirte de él/ella?

### ■ Escribir

**7.37** **Escribe un correo electrónico a tu amigo para contarle e invitarle a participar contigo en una actividad de ocio y tiempo libre.**

En el texto debes hablar sobre:

- proponerle un plan para el fin de semana;
- de qué actividad se trata;
- si le gusta o no;
- prometerle que se va a divertir.

#### ESTRATEGIA DE ESCRITURA: SOLUCIONAR PROBLEMAS LÉXICOS

Cuando estás escribiendo, si no sabes una palabra en español, debes buscarla en el diccionario, cambiar la frase para escribirla de otra manera, utilizar ejemplos o hacer comparaciones.

### ■ Después de escribir

**7.38** **Revisa los siguientes aspectos de tu correo electrónico:**

- Ortografía: dos signos de interrogación y exclamación (¿?, ¡!).
- Precisión gramatical: trato informal, la estructura de las oraciones.
- Coherencia de ideas y organización de la información.

## D. DESTREZAS

### DISCURSO

**ESTRATEGIA DE PRESENTACIÓN ORAL: TOMAR NOTAS**

Antes de hacer una presentación, debes tomar notas y escribir lo que quieres decir. Esto te ayudará para cuando estés hablando y tengas dificultades: recurrir a estas anotaciones y seguir el hilo de tu discurso.

**7.39** **Vas a una ONG que se dedica a cuidar animales abandonados porque estás interesado en colaborar con ellos. Cuéntales cuáles son tus razones durante un minuto. Sigue las pautas.**

- ¿Cómo conociste el centro?
- ¿Por qué te interesa colaborar con ellos?
- ¿Cuál es tu disponibilidad?
- ¿Cuál es tu experiencia previa?

### FONÉTICA Y ORTOGRAFÍA

■ **La entonación en las frases enunciativas e interrogativas**

La entonación es un elemento importante en la producción oral. En español, existen:

- Entonación enunciativa.
  – Estudio español. 
  – Está duchándose. 

- Entonación interrogativa.
  Abierta: – ¿Dónde vives? 
  Cerrada: – ¿Tienes un diccionario? 

**7.40** **Relaciona cada frase con su entonación.**

1. ¿Cuándo ha venido?
2. Ya ha venido.
3. ¿Ya ha venido?
4. Quiere algo.
5. ¿Quiere algo?
6. Habla español.
7. ¿Habla español?
8. Viene.
9. ¿Cuándo viene?

a. 
b. 
c. 

■ **¿Por qué? / Porque**

- **¿Por qué?** se usa para preguntar (*why*). Se escribe en dos palabras y tilde en la *e*. El acento recae en la *e*.
- **Porque** se usa para responder (*because*). Se escribe en una sola palabra sin tilde. El acento recae en la *o*.

**7.41** **27 Escucha las siguientes frases con *porque* y *por qué* y escríbelas correctamente.**

# E. CULTURA

**7.42** Los rituales son costumbres muy arraigadas y encontramos muchos en la cultura de todos los países hispanohablantes. ¿Has oído hablar alguna vez de *La difunta Correa* o *El baño de las nueve olas*? ¿En cuál de los países del mapa crees que se celebran estos rituales?

☐ España

☐ México

☐ Guatemala

☐ Cuba

☐ Venezuela

☐ Argentina

*La difunta Correa*

.........................................................
.........................................................
.........................................................

*El baño de las nueve olas*

.........................................................
.........................................................
.........................................................

**7.43** Ahora, vas a conocer los dos rituales. Lee los siguientes textos, completa los espacios en blanco con las palabras del recuadro y comprueba si las respuestas anteriores son correctas.

infertilidad • sed • mal de ojo • olas • oratorio • milagros • botellas de agua • fecundidad

### Texto 1: La difunta Correa

•••▸ Dice la leyenda que la difunta Correa hace (a) .................. y ayuda a los vivos. Al marido de Deolinda Correa lo reclutaron los militares en las guerras entre unitarios y federales sobre el año 1840 en Argentina. El marido de Deolinda estaba enfermo y ella, con muy poca comida, un poco de agua y su bebé lactante en brazos, lo siguió por toda la provincia de San Juan; pero sus provisiones pronto se acabaron y Deolinda se murió de (b) .................. Días después, unos arrieros* encontraron su cuerpo sin vida; sin embargo, su hijo estaba vivo, alimentándose de su pecho. La enterraron en un valle que pronto se convirtió en un lugar de peregrinación de gente de todas partes del país que consideraban a Deolinda una diosa. En su tumba se construyó un (c) .................., y después un santuario.

La difunta Correa es una santa popular y sus mayores difusores son los arrieros y camioneros, que levantaron pequeños altares en todas las rutas del país con imágenes de la escultura de la difunta y donde la gente deja (d) .................. para calmar su sed.

*Arrieros: personas que en otras épocas transportaban mercancías de un pueblo a otro con animales de carga (bueyes, caballos, mulas...).

# E. CULTURA

## TEXTO 2: *EL BAÑO DE LAS NUEVE OLAS EN LA LANZADA*

•••► Cuenta la tradición que tomar un baño de nueve olas bajo la luna llena, termina con la (e) .................. Por este motivo, en una pequeña ermita situada en La Lanzada (Pontevedra, España), una playa de la costa atlántica gallega, celebran el último fin de semana del mes de agosto la romería de la Virgen de La Lanzada.

En la medianoche del sábado, todas la mujeres que quieren tener hijos y piensan que son infértiles, toman un baño de nueve olas seguidas (que simbolizan los nueves meses de embarazo) y rozan su vientre contra las (f) .................. Al amanecer van a la ermita y barren el suelo para alejar a los malos espíritus y al (g) .................. Después, se realiza una misa donde se viste a la virgen con las mejores galas.

El baño de las nueve olas de La Lanzada es uno de los más famosos rituales de fertilidad. Muchas mujeres aseguran que es un ritual que funciona, por los poderes mágicos de las aguas de esta parte del océano. El agua es fuente de vida y promueve la (h) .................. de las mujeres que realizan este tipo de ritual.

**7.44** 🎧 **28** **Escucha con atención los dos textos anteriores y comprueba si tus elecciones son correctas.**

**7.45** **Vuelve a leer los textos, escribe a cuál de ellos pertenece cada foto y contesta las preguntas. A continuación, compara las respuestas con tu compañero y justifica tu elección.**

**a.**

**b.**

**1.** ¿A qué texto pertenece esta foto? ¿Por qué?

**2.** ¿Cuándo se celebra el ritual?

**3.** ¿Por qué se realiza? ¿En qué consiste?

**4.** Se dice que el deseo de las personas que realizan este ritual siempre se cumple, ¿por qué?

**1.** ¿A qué texto pertenece esta foto? ¿Por qué?

**2.** ¿En qué año sucedió la historia de esta leyenda?

**3.** ¿Qué le sucedió a la protagonista de esta leyenda?

**4.** ¿Quiénes han sido los mayores difusores de esta leyenda? ¿Cómo le rinden homenaje a la protagonista?

**7.46** **¿Cuál de los dos rituales te gustó más? ¿Por qué? ¿Conoces más rituales que se celebren en Latinoamérica? ¿Y en tu país? ¿En qué consiste(n)?**

## A. VOCABULARIO

### LOS TIPOS DE TEXTOS (Textbook pp. 230-232)

**8.1** **Relaciona los siguientes tipos de textos con sus definiciones.**

**1.** Novela

**2.** Fábula

**3.** Noticia

**4.** Cuento

**5.** Poema

**6.** Anécdota

**7.** Leyenda

**a.** Historia inventada donde los protagonistas son animales y el final es didáctico.

**b.** Historia divertida o curiosa que nos ha pasado en nuestra vida.

**c.** Historia inventada, muy antigua y que no se sabe si es realidad o no, y no se conoce a su autor. Se transmitió oralmente.

**d.** Relato real o inventado y no es para niños.

**e.** Historia que suele estar escrita en verso y rimar.

**f.** Historia que aparece en los periódicos para contar algo que ha pasado.

**g.** Relato inventado para niños.

**8.2** **Lee atentamente este fragmento de *Eva Luna*, de Isabel Allende y busca las palabras a las que corresponden estas definiciones. ¿Qué tipo de texto es?**

**a.** ....................: Anfibio.

**b.** ....................: Sensación de sueño y cansancio.

**c.** ....................: Capa de tejido flexible que recubre el cuerpo.

**d.** ....................: Peinado hecho tejiendo tres mechones de pelo.

**e.** ....................: Zapatillas de esparto y tela.

**f.** ....................: Tripa, estómago.

➥Era muy temprano y todavía el pueblo estaba dormido cuando Riad Halabí estacionó la camioneta. Me condujo al interior de la vivienda por la puerta trasera, cruzamos el patio donde se deslizaba el agua de la fuente y cantaban los sapos y me dejó en el baño con un jabón y una toalla en las manos. Largo rato dejé correr el agua por mi cuerpo, lavándome la modorra del viaje y el desamparo de las últimas semanas, hasta recuperar el color natural de mi piel, ya olvidado por tanto abandono. Después me sequé, me peiné con una trenza y me vestí con una camisa de hombre atada a la cintura por un cordón y unas alpargatas de lona que Riad Halabí sacó del almacén.

– Ahora comerás con calma, para que no te duela la barriga –dijo el dueño de la casa instalándome en la cocina ante un festín de arroz, carne amasada con trigo y pan sin levadura–. Me dicen el turco, ¿y a ti?

– Eva Luna.

– Cuando viajo, mi mujer se queda sola, necesita alguien para que la acompañe. Ella no sale, no tiene amigas, no habla español.

– ¿Quiere que yo sea su sirvienta?

– No. Serás algo así como una hija.

– Hace mucho tiempo que no soy hija de nadie y ya no me acuerdo cómo se hace. ¿Tengo que obedecer en todo?

– Sí.

– ¿Qué me hará cuando me porte mal?

– No lo sé, ya veremos.

– Le advierto que yo no aguanto que me peguen.

– Nadie te pegará, niña.

– Me quedo a prueba un mes y si no me gusta me escapo.

– De acuerdo.

**8.3** **En el fragmento que leíste aparecen dos personajes: Riad Halabí y Eva Luna. ¿Cómo los imaginas? Haz un retrato hipotético de cada uno de ellos: origen, edad, profesión, físico, carácter...**

**8.4** Seguimos haciendo conjeturas. ¿Por qué Eva Luna está sola? ¿Por qué la mujer de Riad no habla español? Eva Luna decide quedarse un mes, ¿qué pasará? Escribe tus respuestas.

**8.5** Lee el comienzo del cuento de Juan Rulfo llamado ¡*Diles que no me maten!*, que habla sobre la vida de los campesinos durante la revolución mexicana. ¿Lo conoces? Si no, basándote en el título, ¿de qué crees que se trata?

**Juvencio:** ¡Diles que no me maten, Justino! Anda, vete a decirles eso. Que por caridad. Así diles. Diles que lo hagan por caridad.

**Justino:** No puedo. Hay allí un sargento que no quiere oír hablar nada de ti.

**Juvencio:** Haz que te oiga. Date tus mañas y dile que para sustos ya ha estado bueno. Dile que lo haga por caridad de Dios.

**Justino:** No se trata de sustos. Parece que te van a matar de a de veras. Y yo ya no quiero volver allá.

**Juvencio:** Anda otra vez. Solamente otra vez, a ver qué consigues.

**Justino:** No. No tengo ganas de ir. Según eso, yo soy tu hijo. Y, si voy mucho con ellos, acabarán por saber quién soy y les dará por afusilarme a mí también. Es mejor dejar las cosas de ese tamaño.

**Juvencio:** Anda, Justino. Diles que tengan tantita lástima de mí. Nomás eso diles. (*Justino apretó los dientes y movió la cabeza*). No. (*Y siguió sacudiendo la cabeza durante mucho rato*). Dile al sargento que te deje ver al coronel. Y cuéntale lo viejo que estoy. Lo poco que valgo. ¿Qué ganancia sacará con matarme? Ninguna ganancia. Al fin y al cabo él debe de tener un alma. Dile que lo haga por la bendita salvación de su alma.

**Justino:** (*Se levantó de la pila de piedras en que estaba sentado y caminó hasta la puerta del corral. Luego se dio vuelta*). Voy, pues. Pero si me afusilan a mí también, ¿quién cuidará de mi mujer y de los hijos?

**Juvencio:** La Providencia, Justino. Ella se encargará de ellos. Ocúpate de ir allá y ver qué cosas haces por mí. Eso es lo que urge.

**8.6** ¿Por qué Juvencio le pide a Justino que no lo maten?, ¿quién quiere matarlo? De acuerdo a lo que leíste, ¿podrías describir un poco a los dos personajes?, ¿podrías calcular sus edades?

**8.7** Con el inicio del cuento y con la información que se te da en las instrucciones, trata de construir tu propia versión de la historia.

**8.8** 🎧 29 Escucha la narración del cuento *El lobito bueno*. Pon atención y ordena las viñetas.

**8.9** Lee el poema de Jaime Sabines, *Me tienes en tus manos*. ¿Qué crees que significan las frases marcadas?

Me tienes en tus manos
**y me lees lo mismo que un libro.**
Sabes lo que yo ignoro
y me dices las cosas que no me digo.
**Me aprendo en ti más que en mí mismo.**
Eres como un milagro de todas horas,
como un dolor sin sitio.
Si no fueras mujer fueras mi amigo.
A veces quiero hablarte de mujeres
que a un lado tuyo persigo.

Eres como el perdón
y yo soy como tu hijo.
¿Qué buenos ojos tienes cuando estás conmigo?
¡Qué distante te haces y qué ausente
cuando a la soledad te sacrifico!
Dulce como tu nombre, como un higo,
me esperas en tu amor hasta que arribo.
**Tú eres como mi casa,**
eres como mi muerte, amor mío.

**8.10** 🎧 30 Escucha el poema *Soneto del emigrado* escrito por la poetisa mexicana Rosario Castellanos. En él habla de su sentir durante su estancia en España cuando ella estudió un posgrado en la universidad en Madrid. ¿Cómo se siente una persona estando fuera de su país? Comparte tus sentimientos e impresiones.

Cataluña hilandera y labradora,
viñedo y olivar, almendra pura,
Patria: rememorada arquitectura,
ciudad junto a la mar historiadora.
Ola de la pasión descubridora,
ola de la sirena y la aventura
–Mediterráneo– hirió tu singlatura

la nave del destierro con su proa.
Emigrado, la ceiba de los mayas
te dio su sombra grande y generosa
cuando buscaste arrimo ante sus playas.
Y al llegar a la Mesa del Consejo
nos diste el sabor noble de tu prosa
de sal latina y óleo y vino añejo.

**8.11** Relaciona cada palabra con su significado.

1. Almendra
2. Arrimo
3. Aventura
4. Ola
5. Pasión
6. Patria
7. Sombra
8. Viñedo

a. Terreno plantado de vides (uvas).
b. Fruto del almendro.
c. País, tierra natal en donde se nació.
d. Sentimiento vehemente sobre algo.
e. Onda que se forma en el agua.
f. Actividad que presenta riesgos.
g. Proyección oscura de un objeto ante una luz.
h. Protección, alojamiento, asistencia.

**8.12** **Ahora vas a leer el siguiente texto sobre los problemas a los que se enfrentan los guatemaltecos que están en una situación irregular en los Estados Unidos. ¿Qué tipo de texto es? ¿Cuáles son tus impresiones sobre el tema?**

Diario Insurgente.com                                                    Fecha: 22 septiembre

### La expulsión de inmigrantes de EE.UU. afecta a la economía de Guatemala

Las deportaciones de inmigrantes en situación irregular desde Estados Unidos, que en el primer semestre del año sumaron 56 665 personas, amenazan la economía de Guatemala, donde cientos de miles de familias sobreviven con las remesas enviadas por sus familiares desde aquel país. El 55 por ciento de los beneficiarios de las remesas que llegan desde Estados Unidos son mujeres, que utilizan los ingresos principalmente en el consumo y en menor grado para gastos de salud, educación o montar un negocio.

Estadísticas del Ministerio de Economía de Guatemala señalan que existen en el país unas 325 000 microempresas financiadas con dinero provenientes de las remesas familiares. Se estima que los cerca de 1,4 millones de guatemaltecos que residen de forma ilegal en Estados Unidos, envían gran parte de sus ingresos a sus familias, que en muchos casos suplen el salario de un empleo. Estadísticas de la Dirección General de Migración de Guatemala afirman que por lo menos 150 000 guatemaltecos intentan llegar en forma ilegal a Estados Unidos cada año, de los cuales el 80 por ciento es deportado.

Ante el incremento de los operativos migratorios y la vigencia de algunas leyes antiemigrantes, el presidente guatemalteco Álvaro Colom solicitó en junio la aplicación de un Estatus de Protección Temporal, que permite a los inmigrantes evitar ser deportados, medida que es estudiada por Washington.

**8.13** **¿Conoces los verbos de las siguientes palabras?**

1. Expulsión: ..........................................................
2. Deportaciones: ....................................................
3. Consumo: ............................................................
4. Ingreso: ..............................................................
5. Incremento: .........................................................
6. Aplicación: ..........................................................

**8.14** **Ahora, fíjate en estos titulares de prensa. ¿Por qué no inventas la noticia?**

| Noticias | Noticias | Noticias | Noticias |
|---|---|---|---|
| **Un mujer de 60 años se casa por décima vez** | **Le tatúan con faltas de ortografías** | **Un profesor promete aprobar a sus estudiantes si supera los 2000 seguidores en Twitter** | **Cinco años de prisión por robar una lata de sardinas** |

## EL PERIÓDICO

**8.15** **Compras el periódico...**

☐ Todos los días    ☐ Los fines de semana    ☐ De vez en cuando    ☐ Nunca

¿Por qué? ........................................................................................................................................................

**8.16** **Mira un periódico y marca las secciones que encontraste.**

☐ Deportes                 ☐ Sucesos              ☐ Anuncios clasificados
☐ Noticias internacionales  ☐ Editorial            ☐ Cultura y espectáculos
☐ Noticias nacionales       ☐ Economía

¿Encontraste otras cosas? ........................................................................................................................

**8.17** **Relaciona.**

■ **¿Qué es cada cosa?**

**1.** Noticias internacionales
**2.** Noticias nacionales
**3.** Deportes
**4.** El tiempo atmosférico
**5.** Publicidad
**6.** Actualidad
**7.** Editorial
**8.** Carta al director
**9.** Esquela

**a.** Nota conmemorativa por la muerte de alguien.
**b.** Cosas que pasaron dentro del país.
**c.** Anuncios, propaganda…
**d.** Texto donde un lector comenta una noticia o denuncia algo.
**e.** Cultura, novedades…
**f.** Pronóstico meteorológico.
**g.** Futbol, basquetbol…
**h.** Artículo con la opinión y punto de vista del periódico.
**i.** Cosas que pasaron fuera del país.

■ **¿Quién es quién?**

**1.** Redactor
**2.** Editor
**3.** Publicista
**4.** Meteorólogo
**5.** Reportero
**6.** Fotógrafo
**7.** Maquetador
**8.** Cronista deportivo
**9.** Articulista

**a.** Hace anuncios.
**b.** Está donde hay una noticia.
**c.** Dirige y estructura el trabajo.
**d.** Da el parte meteorológico.
**e.** Escribe una columna de opinión.
**f.** Hace los documentos gráficos.
**g.** Da forma al periódico.
**h.** Escribe sobre deportes.
**i.** Persona responsable del contenido del periódico.

## 1. LOS USOS DEL PRETÉRITO, IMPERFECTO Y PRESENTE PERFECTO (Textbook pp. 233-236)

**EL PRETÉRITO**

- El pretérito se utiliza para hablar de **acciones terminadas** en el pasado:

  – Ayer **fui** al cine con Javier.                    – El verano pasado **viajé** a Canadá.

**EL IMPERFECTO**

- El imperfecto se usa para **describir acciones habituales o costumbres** en el pasado:

  – Cuando **tenía** tu edad, no **podía** salir solo a la calle.     – Antes **vivía** en un pueblo del Estado de Montana.

**EL PRESENTE PERFECTO**

- El presente perfecto se utiliza para hablar de **acciones que han ocurrido en un pasado reciente**. Normalmente se usa de la misma forma que en inglés:

  – Ya **he visitado** Nueva York.                    – Julia **ha venido** a verme.

**8.18** Lee cada una de las siguientes frases y señala su significado.

|  | Acción terminada sin relación con el presente | Descripción de la situación | Acción en un pasado reciente | Acción habitual en el pasado sin relación con el presente |
|---|---|---|---|---|
| **a.** Cuando trabajaba en la fábrica… |  |  |  |  |
| **b.** He reprobado el examen. |  |  |  |  |
| **c.** Estudiaba todos los días. |  |  |  |  |
| **d.** Tuvo un problema con la computadora. |  |  |  |  |
| **e.** Estudié español en la universidad. |  |  |  |  |
| **f.** Fue a París con sus hijos. |  |  |  |  |
| **g.** Acostumbraba cocinar con su abuela. |  |  |  |  |
| **h.** Lo he hecho muchas veces. |  |  |  |  |

**8.19** ¿Presente perfecto, pretérito o imperfecto? Mira el marcador temporal y el verbo y conjúgalo en su lugar correspondiente.

| Marcador | Verbo | Presente perfecto | Pretérito | Imperfecto |
|---|---|---|---|---|
| Ayer | hacer, yo | hice |  |  |
| Hoy | poner, tú |  |  |  |
| Esta semana | escribir, ellos |  |  |  |
| De niña | ver, ella |  |  |  |
| Todavía no | romper, ustedes |  |  |  |
| Muchas veces | abrir, tú |  |  |  |
| Aún no | resolver, nosotros |  |  |  |
| Anoche | tener, yo |  |  |  |
| Anteayer | estar, él |  |  |  |
| Antes | venir, usted |  |  |  |

## C. GRAMÁTICA

**8.20** **Mira las imágenes y crea una frase con las palabras dadas. Faltan los verbos necesarios para que tengan sentido.**

**a.** Laura / no / escuela / ayer / enferma. _Ayer Laura no fue a la escuela porque estaba enferma._

**b.** Anoche / Pedro / no / teléfono / ducharse. ...........................................................

**c.** Hoy / Miguel / abrigo / frío. ...........................................................

**d.** La semana pasada / Pedro / un plátano / cuando / calle. ...........................................................

**e.** Esta tarde / Ricardo / llaves / cuando / de casa. ...........................................................

**a.**

**b.**

**c.**

**d.**

**e.**

**8.21** **En este texto faltan los verbos. Colócalos en el lugar correcto.**

he vuelto • levanté • terminó • empezó • estaban • fue • ha cambiado • estaba • he divertido • fui

### EL ZOO

•••▶ Recuerdo mi primera visita al zoo. Aquel día me (a) .................. más temprano de lo habitual. (b) .................. muy contento porque (c) .................. con mis padres y mi hermano Bruno. Nuestra visita (d) .................. en la jaula de los monos y (e) .................. en la zona de las serpientes. (f) .................. muy emocionante. Hoy (g) .................. al mismo zoo, aunque algo (h) ................... Ahora soy el padre. Pero me (i) .................. mucho con mis hijos, que, igual que yo, también (j) .................. muy contentos.

# C. GRAMÁTICA

**8.22** **Conjuga los verbos en el tiempo adecuado (presente perfecto, pretérito o imperfecto).**

## CRÍMENES EJEMPLARES DE MAX AUB

••▶ (1) .................. (Hacer) un frío de mil demonios. Héctor y yo (2) .................. (estar) citados a las siete y cuarto en la esquina de Venustiano Carranza y San Juan de Letrán. Yo no (3) .................. (ser) de esos hombres absurdos que adoran el reloj reverenciándolo como a un dios. (4) .................. (Comprender) que el tiempo es elástico y que cuando (5) .................. (quedar, tú) con alguien a las siete y cuarto, no importa esperar hasta las siete y media. Siempre (6) .................. (ser, yo) un hombre tolerante, un liberal de la buena escuela. Pero (7) .................. (haber) cosas que no (8) .................. (poderse) aguantar por muy liberal que uno sea. Ya (9) .................. (decir, yo) que (10) .................. (hacer) un frío espantoso. Y aquella condenada esquina (11) .................. (estar) abierta a todos los vientos. Las siete y media, las ocho menos veinte, las ocho menos diez, las ocho… Es natural que ustedes se pregunten que por qué no lo (12) .................. (dejar, yo) plantado, la cosa es muy sencilla: yo (13) .................. (ser) un hombre respetuoso de mi palabra y cuando (14) .................. (decir) una cosa, la (15) .................. (cumplir). Héctor me había citado a las siete y cuarto y no me (16) .................. (caber) en la cabeza el faltar a una cita. Las ocho y cuarto, las ocho y veinte, las ocho y veinticinco, las ocho y media… y Héctor no (17) .................. (llegar). Yo (18) .................. (estar) completamente helado, me (19) .................. (doler) los pies, me (20) .................. (doler) las manos, me (21) .................. (doler) la espalda, me (22) .................. (doler) el pelo… La verdad es que si hubiera llevado mi abrigo gris, lo más probable es que no hubiera pasado nada, pero a las tres de la tarde, hora en que (23) .................. (salir, yo) de casa, (24) .................. (hacer) sol y nadie (25) .................. (poder) imaginar que se levantaría aquel viento. Las nueve menos cuarto. Yo me sentía enfermo, congelado. Héctor (26) .................. (llegar) a las nueve menos diez: tranquilo, sonriente y satisfecho, con su grueso abrigo negro y sus guantes de piel.

– ¡Hola, Miguelito!

Así, sin más. No lo (27) .................. (poder, yo) evitar, lo (28) .................. (empujar, yo) bajo el tren que (29) .................. (pasar).

Adaptado de *Crímenes ejemplares*, de Max Aub.

**8.23** **Según el texto anterior, elige la opción que consideres correcta.**

**1.** Miguel se considera una persona:
- **a.** ☐ de palabra y tolerante.
- **b.** ☐ enferma y congelada.
- **c.** ☐ absurda, que adora el reloj.

**2.** A Miguel le dolía todo porque:
- **a.** ☐ había chocado con un bus.
- **b.** ☐ estaba enfermo.
- **c.** ☐ hacía mucho frío.

**3.** Héctor llegó tarde porque:
- **a.** ☐ había perdido el bus.
- **b.** ☐ porque había olvidado la hora de la cita.
- **c.** ☐ el texto no lo dice.

**4.** Cuando llegó, Héctor:
- **a.** ☐ le dejó su abrigo y sus guantes a Miguel.
- **b.** ☐ se disculpó una vez.
- **c.** ☐ no le pidió perdón a Miguel por el retraso.

## *SOLER* + INFINITIVO (Textbook pp. 236-237)

**8.24** **Completa la conjugación del verbo *soler* en presente y en imperfecto.**

|  | Presente | Imperfecto |
|---|---|---|
| Yo | | |
| Tú | | |
| Él/ella/usted | | |
| Nosotros/as | | |
| Vosotros/as | | |
| Ellos/ellas/ustedes | | |

**8.25** **Responde ahora a las preguntas con el verbo *soler* en el tiempo correcto.**

**a.** ¿Normalmente dónde comes?

.................................................................................

**b.** ¿Qué haces los sábados por la tarde?

.................................................................................

**c.** ¿Con quién jugabas de pequeño?

.................................................................................

**d.** ¿Qué ropa usas para hacer deporte?

.................................................................................

**e.** ¿A qué hora te levantas los lunes?

.................................................................................

**f.** ¿Dónde pasabas la Navidad de pequeño?

.................................................................................

### EXTENSIÓN GRAMATICAL: ACOSTUMBRAR + INFINITIVO

El verbo **acostumbrar** tiene el mismo comportamiento que el verbo **soler** y es muy utilizado en los países latinoamericanos como sinónimo de este último.

**8.26** **Transforma las frases usando la estructura *acostumbrar* + infinitivo.**

**a.** Normalmente tomo jugo por la mañana.

.................................................................................

**b.** De pequeño, me encantaba dibujar animales.

.................................................................................

**c.** Elías nada en la piscina todos los viernes.

.................................................................................

**d.** Todos los días voy al trabajo dando un paseo.

# D. DESTREZAS

## LECTURA

■ **Antes de leer**

**8.27** Observa la imagen y contesta: ¿De quién es la carta? ¿Qué le dice? ¿Alguna vez has recibido una noticia por carta? ¿Cómo fue?

■ **Leer**

**8.28** Este es un fragmento de la novela *Ninguna eternidad como la mía*, de Ángeles Mastretta. Lee el primer párrafo y predice qué va a pasar.

### ESTRATEGIA DE LECTURA: PREDECIR EL CONTENIDO

Los lectores activan su conocimiento previo para predecir el contenido del texto, basándose en el título, las ilustraciones o los pasajes del texto ya comprendidos.

•••➤ Isabel despertó por ahí de las doce con el sol picándole los ojos. Encontró vacío el otro lado de la cama. Se acurrucó diciéndose que Corzas había bajado a la calle por el periódico. Pero tras media hora de espera, un susto le picó el ceño. Se levantó de un salto y caminó hacia la mesa en que Corzas acostumbraba pasar horas leyendo. Le sorprendió un orden que no había el día anterior. No estaba el tiradero de libros y cuadernos de Corzas. En su lugar solo había una caja de madera de Olinalá.

Isabel la abrió con más curiosidad que aprensión. Dentro encontró el pañuelo de colores que le habían comprado a una gitana el día que les predijo largos años de amor y felicidad, dos servilletas en que Corzas le había escrito poemas, el programa del concierto en que estuvieron el viernes, un pedazo de pared desprendido del muro de la capilla colonial cuando se besaban recargándose en él, dos caramelos. Y una carta de Corzas pidiéndole perdón por irse sin ella.

Isabel la leyó sin llorar una lágrima. Luego, se lavó la cara. Peinó sus cabellos en desorden, cargó la caja y salió del cuarto como quien deja el cielo.

Llegó a la casa de Prudencia Migoya para ahí de las tres de la tarde y la encontró comiendo a solas en una mesa con platos y cubiertos para una persona…

Isabel probó un poco de caldo y lloró…

*Ninguna eternidad como la mía*, 1986

■ **Después de leer**

**8.29** Coloca las frases en el orden en que aparecen en el texto.

Isabel hace muchas cosas ese día…

☐ Isabel se despertó a las doce de la mañana.
☐ Isabel salió del cuarto.
☐ Isabel se lavó la cara.
☐ Isabel caminó hacia la mesa.
☐ Isabel comió un poco de caldo.
☐ Isabel no lloró.
☐ Isabel cargó la caja de madera.
☐ Isabel se levantó.

☐ Isabel se acurrucó en la cama.
☐ Isabel lloró por la partida de Corzas.
☐ Isabel llegó a la casa de su amiga.
☐ Isabel leyó una carta.
☐ Isabel se asustó.
☐ Isabel se peinó.
☐ Isabel abrió la caja de madera.

# D. DESTREZAS

**8.30** Ahora elige una imagen: Isabel en el cuarto o Isabel en el comedor. Intenta describir esta escena como la imaginas.

**8.31** Imagina qué crees que hace Isabel después.

## ESCRITURA

■ Antes de escribir

**8.32** Escoge una de las siguientes fotografías. ¿Qué tipo de libros suelen leer? ¿Por qué? ¿Cuáles son sus hábitos y sus gustos de lectura?

### ESTRATEGIA DE ESCRITURA: ORGANIZAR TUS IDEAS EN MAPAS MENTALES

Agrupa las ideas que están estrechamente relacionadas. Por ejemplo, crea un mapa mental con ideas relacionadas con la lectura, los tipos de lectura en otro, los gustos de la gente, etc. Luego, toma un momento para revisar los mapas y sacar conclusiones.

■ Escribir

**8.33** Escribe un ensayo en tu cuaderno. Sé creativo/a.

■ Después de escribir

**8.34** Revisa los siguientes aspectos de tu ensayo:

- Ortografía: las palabras escritas con tilde.
- Precisión gramatical: uso de las estructuras para expresar planes, proyectos y recomendaciones.
- Coherencia de ideas y organización de la información.
- Puntuación.

## DISCURSO

### ESTRATEGIA DE PRESENTACIÓN ORAL: PRESENTAR EL DISCURSO

Piensa en formas interesantes para presentar tu material. Sé creativo. Prepárate de antemano las expresiones y el vocabulario adicional que necesitas. A continuación, practica lo que vas a decir y cómo quieres decirlo para hacer tu presentación más animada.

**8.35** **Escribe un correo electrónico a un amigo/a contándole una anécdota curiosa que te haya ocurrido alguna vez.**

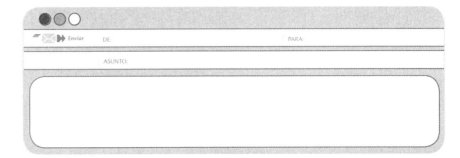

## FONÉTICA Y ORTOGRAFÍA

### ■ Frases interrogativas y exclamativas

- Los signos de interrogación y exclamación se usan para representar en la escritura enunciados interrogativos y exclamativos directos:

  – *¿Comisteis ayer en casa?*　　– *¿Dónde has comprado ese traje?*

  – *¡Eso es una injusticia!*　　– *¡Qué magnífica pintura!*

- Como puedes observar, en español, tanto los signos de interrogación como los de exclamación son dos: de apertura (**¿ ¡**) y de cierre (**? !**), y se colocan al principio y al final de cada enunciado.

- Es obligatorio poner los dos signos y nunca se escribe punto después de ellos:

  ~~Comieron ayer en casa?~~ ➔ *¿Comieron ayer en casa?*

  ~~Eso es una injusticia!~~ ➔ *¡Eso es una injusticia!*

**8.36** 🎧 **31** **Escucha los diálogos. Presta atención a la entonación y escribe los signos de interrogación y exclamación que faltan.**

### ■ Diálogo 1:

➤ *Qué tal la has pasado en estas fiestas de fin de año.*

▷ *Muy bien, la he pasado muy bien. Vino también una prima argentina de mi marido y fue muy divertido. Y tú.*

➤ *Normal. Todo ha estado muy bien, como siempre. Lo único que me molesta es pensar que pronto voy a volver al trabajo.*

▷ *Ni me lo recuerdes.*

### ■ Diálogo 2:

➤ *Qué tal esta noche en el concierto de "Los Energéticos Consumidos".*

▷ *De la patada. Ha sido un concierto largo y aburrido.*

➤ *Qué pena, no.*

▷ *Señora Rosa, qué tal sus vacaciones.*

➤ *Muy bien, muy bien. Mi marido ha estado en el mar casi todos los días y yo he dado largos paseos por la playa. Así que de maravilla. La hemos pasado de maravilla. Y ustedes, qué han hecho, cómo la han pasado.*

▷ *Pues muy bien también. Hemos hecho muchas cosas y los niños se han divertido mucho. La verdad es que no queremos regresar a casa.*

# E. CULTURA

## DE ADIVINANZAS, REFRANES Y TRABALENGUAS

**8.37** La historia de los pueblos de Latinoamérica está formada por una gran variedad de "historias de tradición oral". ¿Sabes qué significa este término? A continuación, lee la siguiente información y elige las correctas para escribir una definición.

☐ escritura

☐ habla

☐ variable

☐ trabalenguas

☐ novelas

☐ entretiene pero no refleja la cultura ni la historia de los pueblos

☐ existe una única forma de transmitir las historias de tradición oral

☐ las historias de tradición oral se pueden contar de muchas formas

☐ adivinanzas

☐ refranes

☐ entretiene y transmite la cultura y la historia de los pueblos de generación en generación

☐ invariable

Las historias de tradición oral ....................................................................................................................

...........................................................................................................................................................................

...........................................................................................................................................................................

**8.38** 🎧 32 Jairo es un historiador que viaja por Latinoamérica enseñando a niños y mayores historias de tradición oral. Escucha un fragmento de la presentación que hizo en su último congreso en Montevideo con el nombre de "Hablar y contar", comprueba si la definición que escribiste es correcta y corrígela en caso necesario.

**8.39** 🎧 32 A continuación, escucha de nuevo a Jairo y relaciona cada palabra con su definición.

**a.** Frases con palabras en las que se repiten las sílabas y hacen difícil la pronunciación.

**b.** Juegos o pasatiempos que consisten en describir algo con rima. Para descubrir la palabra oculta, tienes que utilizar la imaginación.

**1.** Adivinanzas
**2.** Refranes
**3.** Trabalenguas

**c.** A veces son frases muy cortas, otras veces son versos con ritmo pero todas quieren enseñar o dar un consejo.

# E. CULTURA

**8.40** **A continuación, te presentamos las siguientes adivinanzas. Léelas con atención y relaciónalas con sus respuestas.**

1. ⬭ "Agua pasa por mi casa, cate de mi corazón, el que no me lo adivine será un lindo cabezón".
2. ⬭ "Fui a mi casa, compré negritos, llegué a mi casa y se pusieron coloraditos".
3. ⬭ "Oro no es, plata no es, adivíname lo que es".
4. ⬭ "Siempre quietas, siempre inquietas, de día dormidas, de noche despiertas".

**a.**

**b.**

**c.**

**d.**

**8.41** **¡Ahora vamos a aprender refranes! Relaciona las tres columnas y encontrarás un refrán con su significado. A continuación, completa los espacios en blanco de los diálogos con el refrán correspondiente.**

1. Al pan, pan,
2. A palabras necias,
3. Le das la mano,

a. oídos sordos.
b. y se toma el pie.
c. y al vino, vino.

**A.** No hay que hacer caso a la gente que habla sin conocimiento o dice cosas malas con la intención de hacer daño.

**B.** Ser directo, decir la verdad y llamar a las cosas por su nombre.

**C.** Abusar de la confianza que te da una persona.

■ Diálogo 1:

**María:** ¿Cómo estás, Ana?
**Ana:** Muy decepcionada. Mi amiga estaba buscando apartamento y yo le dije que podía estar en mi casa durante unos días. Lleva más de un mes en casa y hoy me dijo que se queda a vivir aquí, porque está más a gusto y no tiene que pagar renta…
**María:** ..............................................
..............................................

■ Diálogo 2:

**Juan:** ¿Sabes? Ana siempre está hablando mal de la gente por detrás. Nadie le cae bien y no me gusta su negatividad.
**María:** Pero, Juan, ¿por qué le haces caso? .............................
.............................................. .

■ Diálogo 3:

**Marta:** Ayer le dije a Miguel todo lo que pensaba de él.
**Juan:** ¿En serio, Marta? ¿Le has dicho todo lo que piensas? ¿Lo bueno y lo malo?
**Marta:** Sí, sí, todo. Yo soy así. .........
.............................................. .

**8.42** **¡Concurso de trabalenguas! Divídanse en dos grupos: A y B. Los estudiantes de cada grupo tienen que repetir en voz alta los siguientes trabalenguas hasta llegar al último miembro. En el caso de que uno de ellos se equivoque, tienen que empezar desde el principio. ¡El grupo que llegue más rápido al final, será el ganador!**

1. "Erre con erre guitarra; erre con erre barril, mira qué rápido ruedan las ruedas del ferrocarril".
2. "En la casa de Pinocho todos cuentan hasta el ocho. Pinocho contó hasta ocho y se comió ocho bizcochos".